明永樂内府本四書集注大全

第三册

明 胡廣等撰

中國國家圖書館藏明永樂十三年内府刻本

山東人民出版社·濟南

中庸或問

或問名篇之義，程子專以不偏爲言，呂氏專以無過不及爲說，二者固不同矣，子乃合而言之，何也？曰：中一名而有二義，程子固言之矣。今以其說推之，不偏不倚云者，程子所謂在中之義（朱子曰：在中是言在裏面底道理，未動時恰好處，纔發時不偏於喜，則偏於怒，不得謂之在中矣。非以在中釋中字），未發之前無所偏倚之名也；無過不及者，程子所謂中之道也（道以由行之用言），見（形甸反）諸行事各得其中之名也。蓋不偏不倚，猶立而不近四旁，心之體、地之中也；無過不及，猶行而不先不後，理之當（去聲，下有當同）、事之中也。故於未發之大本，則取不偏不倚之名。

於已發而時中則取無過不及之義語固各有當也然方其未發雖未有無過不及之可名而所以爲無過不及之本體實在於是及其發而得中也雖其所主不能不偏於一事然其所以無過不及者是乃無偏倚者之所爲而於一事之中亦未嘗有所偏倚也新安陳氏曰此以不偏不倚與無過不及交互發明以見非截然而二故程子又曰言和則中在其中言中則含喜怒哀樂在其中而呂氏亦云當其未發此心至虛無所偏倚故謂之中以此心而應萬物之變無往而非中矣是則二義雖殊而實相爲體用此愚於名篇之義所以不得取此而遺彼也朱子曰未發之中是體已發之中是用○

格庵趙氏曰。未發之中。只可言不偏不倚。却下不得過不及字。及發出來。此事合當如此。彼事合當如彼。方有箇恰好準則。無太過不及處

○曰。庸字之義。程子以不易言之。而子以爲平常。何也。曰。唯其平常。故可常而不可易。若驚世駭俗之事。則可暫而不得爲常矣。二說雖殊。其致一也。但謂之不易。則必要平聲於久而後見。不若謂之平常。則直驗於今之無所詭古委反異。而其常久而不可易者可兼舉也。朱子曰。譬之飲食。五穀是常。自不可易。若珍異不常得之物。則可暫一食。焉能久乎。○北溪陳氏曰。程子以不易解庸字。亦是謂萬古常然而不可易。但其義未盡。不若平常字最親切。可包得不易字。盖天下事物之理。惟平常然後可以常而不易。若怪異之事。人所罕見。但可暫而不可常耳。平常不易。本作一意看

況中庸之云。上與高明爲對。而下與無忌憚者相反。新安

陳氏曰極高明而道中庸是中庸與高明對君子中庸小人無忌憚者反中庸其曰庸德之行庸言之謹又以見形甸反夫音扶雖細微而不敢忽則其名篇之義以不易而爲言者又孰若平常之爲切乎曰然則所謂平常將不爲淺近苟且之云乎曰不然也所謂平常亦曰事理之當然而無所詭異云爾是固非有甚高難行之事而亦豈同流合汙音烏之謂哉既曰當然則自君臣父子日用之常推而至於堯舜之禪時戰反授湯武之放伐其變無窮亦無適而非平常矣朱子曰中庸只是一箇道理以其不偏不倚故謂之中以其不差異可常行故謂之庸未有中而不庸者亦未有庸而不中者惟中故平常○問堯舜禪授湯武放伐皆聖人非常之變而謂之平常何也曰堯舜禪授湯武放伐雖其事異常然皆是

合當如此便只是常事如伊川說經權字合權處便即是經○曰此篇首章先明中和之義次章乃及中庸之說至其名篇乃不曰中和而曰中庸者何哉曰中和之中其義雖精新安陳氏曰未發之中乃古人所未言之精義而中庸之中實兼體用且其所謂庸者又有平常之意焉則比之中和其所該者尤廣而於一篇大指精粗本末無所不盡此其所以不曰中和而曰中庸也朱子曰中庸該得中和之義庸是見於事和是發於心庸該得和○以性情言之謂之中和以理言之謂之中庸其實一也○曰張子之言如何張子曰學者如中庸文字輩直須句句理會過使其言互相發明曰其曰須句句理會使其言自相發明者眞讀書之要法不但可施於此篇也○曰呂氏爲己爲人之

說如何爲並去聲下爲人同○藍田呂氏曰爲己者心存乎德行而無意乎功名爲人者心存乎功名而未及乎德行若後世有未及乎爲人而濟其私欲者今學聖人之道而先以私欲害之則語之而不入導之而不行教之者亦何望哉聖人之學不使人過不使人不及立喜怒哀樂未發之中以爲之本使學者擇善而固執之其學固有序矣學者盍亦用心於此乎用心於此則義理必明德行必脩與夫自輕其身涉獵無本徼幸一旦之利者果何如哉曰爲人者程子以爲欲見知於人者是也呂氏以志於功名言之而謂今之學者未及乎此則是以爲人爲及物之事而涉獵徼幸以求濟其私者又下此一等也殊不知夫子所謂爲人者正指此下等人爾若曰未能成己而遽欲成物此特可坐去聲以不能知所先後之罪原其設心猶愛而公視彼欲求人知以濟一

己之私而後學者不可同日語矣至其所謂立喜怒哀樂未發之中以爲之本使學者擇善而固執之者亦曰欲使學者務先存養以爲窮理之地耳而語之未瑩(烏定反潔也)乃似聖人強(上聲)立此中以爲大本使人以是爲準而取中焉則中者豈聖人之所強立而未發之際亦豈容學者有所擇取於其間哉但其全章大指則有以切中(去聲)今時學者之病覽者誠能三復而致思焉亦可以感悟而興起矣

或問天命之謂性率性之謂道脩道之謂教何也曰此先明性道教之所以名以見(形甸反)其本皆出乎天而實不

外於我也天命之謂性言天之所以命乎人者是則人之所以為性也蓋天之所以賦與萬物而不能自已者命也吾之得乎是命以生而莫非全體者性也朱子曰天之生此人如朝廷之命此官人之有此性如官之有此職○格庵趙氏曰天於賦予處周流而不已斯之謂命人於稟受處該全而不偏斯之謂性故以命言之則曰元亨利貞而四時五行庶類萬化莫不由是而出以性言之則曰仁義禮智而四端五典萬物萬事之理無不統於其間黃氏曰在天為元亨利貞在人為仁義禮智特殊其名以別天人之分耳○天地而非元亨利貞不能以行四時生萬物人而非仁義禮智又何以克四端制萬事哉○北溪陳氏曰若就造化論則天命之大目只是元亨利貞此四者就氣上論也得就理上論也得就氣上論則物之初生為元於時為春物之發達為亨於時為夏物之成就為利於時

爲秋物之斂藏爲貞於時爲冬貞者正而固也自其生意之已定者而言故謂之正自其斂藏者而言故謂之固就理上論則元者生理之始亨者生理之通利者生理之遂貞者生理之固人性之大目只是仁義禮智四者而已得天命之元在我謂之仁得天命之亨在我謂之禮得天命之利在我謂之義得天命之貞在我謂之智人性之有仁義禮智只是天地元亨利貞之理眞實一致非引而譬之也蓋在天在人雖有性命之分而其理則未嘗不一在人在物雖有氣稟之異而其理則未嘗不同此吾之性所以純粹至善而非若荀揚韓子之所云也荀子論性詳見孟子告子篇集註○朱子曰論萬物之一原則理同而氣異○北溪陳氏曰性與命本非二物在天謂之命在人謂之性又曰性命只是一箇道理不分看則不分曉不合看又離了不相干涉須是就渾然一理中看得界分不相亂率性之謂道言循其所得乎天以生者則事事物物莫不自然各有當

行之路是則所謂道也。蓋天命之性仁義禮智而已。循其仁之性則自父子之親以至於仁民愛物皆道也。循其義之性則自君臣之分（扶問反）以至於敬長（上聲）尊賢亦道也。循其禮之性則恭敬辭讓之節文皆道也。循其智之性則是非邪正之分別（彼列反，下有別同）亦道也。蓋所謂性者無一理之不具，故所謂道者不待外求而無所不備。（此言性與道之全體）所謂性者無一物之不得，故所謂道者不假人爲而無所不周。（此言性與道之大用）雖鳥獸草木之生僅得形氣之偏而不能有以通貫乎全體，然其知覺運動榮悴（秦醉反）開落亦皆循其性而各有自然之理焉。至於虎狼之父子。仁蜂蟻之君臣。義豺牀皆反獺他達反之報本。禮雎七余反鳩之有別。智則其形氣之所偏又反有以存其義理之所得。莊子天運篇。商太宰蕩問仁於莊子。莊子曰。虎狼仁也。曰。何謂也。莊子曰。父子相親。何爲不仁○化書曰。蜂有君。禮也。螻蟻之有君也。一拳之宮。與衆處之。一塊之臺。與衆臨之。一粒之食。與衆蓄之。一蟲之肉。與衆匝之。一罪無疑。與衆戮之。○禮記月令季秋之月。豺乃祭獸戮禽。孟春之月。魚上氷。獺祭魚。○詩傳云。雎鳩。水鳥。今江淮間有之。生有定偶。而不相亂。偶常並游而不相狎。故毛傳以爲摯而有別。摯字與至通。言其情意深至也。尤可以見天命之本然初無間去聲隔而所謂道者亦未嘗不在是也。是豈有待於人爲而亦豈人之所得爲哉。朱子曰。性是體。道是用。道便是裏面做出底道理。○問鳥獸亦有知覺。但他知覺有通塞。草木亦有知覺否。曰。亦有。如一盆花。得些水澆灌便敷榮。若摧折他便枯悴。謂之無知覺可乎。周茂叔窻前草不除去。云與自家意思一般。便是有知覺。只是鳥獸底知覺。不如人底。草木底知覺。又不如鳥獸底。○問虎狼蜂蟻之類雖得其一偏。然徹頭徹尾得義理之正。人合下具此天命之全體。而爲物欲氣稟所昏。反不能如物之能通其一處而全盡。何也。曰。只有這一處通。便却專。人却事事理會得些。便却泛泛。所以易昏。○潛室陳氏曰。飛潛動植各一其性而不可換。便是率處。若飛者潛之。動者植之。即是違其性。非物之所謂率性矣。

脩道之謂教。言聖人因是道而品節之。以立法垂訓於天下。是則所謂教也。蓋天命之性。率性之道。皆理之自然。而人物之所同得者也。人雖得其形氣之正。然其清濁厚薄之稟。亦有不能不異者。是以賢知去聲者或失之過。愚不肖者或不能及。而得於此者。亦或不能無失於彼。是以私意人欲或生其間。而於所謂性者不免有所昏

蔽錯雜（昏蔽其天理錯雜以人欲）而無以全其所受之正性有不全
則於所謂道者因亦有所乖戾舛（尺淺反）逆而無以適乎
所行之宜惟聖人之心清明純粹（清明以氣言純粹以質言）天理渾
（上聲）然無所虧闕故能因其道之所在而爲之品節防範
以立教於天下使夫（音扶下同）過不及者有以取中焉蓋有
以辨其親踈之殺（所戒反）而使之各盡其情則仁之爲教
立矣有以別（彼列反下同）其貴賤之等而使之各盡其分（扶問
反）則義之爲教行矣爲之制度文爲使之有以守而不
失則禮之爲教得矣爲之開導禁止使之有以別而不
差則知（去聲下無知同）之爲教明矣夫如是是以人無知愚事

無大小皆得有所持循據守以去上聲其人欲之私而復
乎天理之正推而至於天下之物則亦順其所欲違其
所惡去聲因其材質之宜以致其用制其取用之節以遂
其生皆有政事之施焉此則聖人所以財成天地之道
而致其彌縫輔贊之功然亦未始外乎人之所受乎天
者而強上聲為之也陳氏曰因人生氣質之異而有過不及之差故於性有昏蔽而不能全而所謂道者亦乖戾而失其本然也聖人清明純粹見理分明故因其性之自然者為之品節而歸之中使無過不及以為天下後世法使萬世皆得以通行是謂之教○辨其親疎之殺如為之立五服自斬衰至緦麻之類別其貴賤之等如為之立君臣上下長幼之序為之制度文為如三千三百之儀輕重疎密各有等級之不同為之開導禁止如司徒教民以任卹睦婣之行及糾民以不孝不弟之刑因其材質之宜制其取用之節如教

人春耕夏耘秋斂冬藏穿牛鼻絡馬首之類子思以是三言著於篇首雖曰姑以釋夫三者之名義然學者能因其所指而反身以驗之則其所知豈獨名義之間而已哉蓋有得乎天命之說則知天之所以與我者無一理之不備而釋氏所謂空者非性矣有以得乎率性之說則知我之所得乎天者無一物之不該而老氏所謂無者非道矣有以得乎脩道之說則知聖人之所以教我者莫非因其所固有而去上聲其所本無背音佩其所至難而從其所甚易去聲○新安陳氏曰所固有謂道所本無謂私欲所至難謂異端之空寂所甚易謂吾道之教而凡世儒之訓詁詞章管商之權謀功利老佛之清淨寂滅與夫

百家衆技之支離偏曲。皆非所以爲教矣。陳氏曰。釋氏以空爲宗。以未有天地之先爲吾眞體。以天地萬物皆爲幻。人事都爲粗迹。盡欲屛除了。一歸於眞空。老氏以無爲宗。以道爲超乎天地形器之外。如云道在太極之先。却是說未有天地萬物之初。有箇虛空道理。都與人物不相干涉。不知道只是人事之理耳。又曰。老氏清虛厭事。釋氏屛弃人事。世儒或訓詁解析而理不明。或詞章綴緝而義不通。管商功利之徒。雖做得事業。亦只是權謀智術之私。而非胷中義理去做。皆非所謂教矣。○西山眞氏曰。朱子論性道教。皆必曰仁義禮智。其視佛老以空寂爲性。以虛無爲道。管商以刑名功利爲教者。眞妄是非不辨而明矣。由是以往。因其所固有之不可昧者。而益致其學問思辨之功。因其所甚易之不能已者。而益致其持守推行之力。朱子曰。因其所固有。謂今人把學問來做外面添底事看了。聖賢千言萬語。只是使人反其固有而復其性耳。因其所甚易。是日用常行合做底道理。是不可已者。非空守着這一箇物性。○新安陳氏曰：學問思辨，致知之事也；持守推行，力行之事也。則夫天命之性、率性之道，豈不昭然日用之間，而脩道之教，又將由我而後立矣。○

曰：率性脩道之說不同，孰爲是邪？曰：程子之論率性，正就私意人欲未萌之處，指其自然發見（形甸反，下同）各有條理者而言，以見道之所以得名，非指脩爲而言也。（程子曰：生之謂性。人生而靜以上不容說。纔說性時，便已不是性也。此理，天命也。順而循之，則道也。又曰：天降是於下，萬物流形，各正性命者，是所謂性也。循其性，是所謂道也。此亦通人物而言。循性者，馬則爲馬之性，又不做牛底性；牛則爲牛底性，又不做馬底性。此所謂率性也。○朱子曰：程子說人生而靜以上，是人物未生時，只可謂之理，未可名爲性，所謂在天曰命也。纔說性時，便是人生以後，此理已墮在形氣之中，不全是性之本體矣，所謂在人曰性也。○程子說物物皆有箇道理，即此便是道。循性者，是循其理之自然。○道是性中分派條理，隨分派條理去。皆是道也呂氏良心之發以下至安能致是一節亦甚精密。但謂人雖受天地之中以生而梏於形體又爲私意小知去聲所撓故與天地不相似而發不中去聲下並同節。必有以不失其所受乎天者然後爲道則所謂道者又在脩爲之後而反由教以得之非復扶又反。又也。後不及音者宜以意推之子思程子所指人欲未萌自然發見之意矣藍田呂氏曰。性與天道本無有異。但人雖受天地之中以生。而梏於蕞爾之形體。常有私意小智撓乎其間。故與天地不相似。所發遂至乎出入不齊而不中節。如使所得於天者不喪。則何患乎不中節乎。故良心所發。莫非道也。在我者惻隱羞惡辭遜是非皆道也。在彼者君臣父子夫婦昆弟朋友之交。亦道也。在物之分則有彼我之殊。在性之分則合乎內外一體而已。是皆人心所同然。乃吾性之所固有。隨喜怒哀樂之所發。則愛必有差等。敬必有節文。所感重者。其應也亦重。所感輕者。其應也亦輕。自斬至緦喪服異等。而九族之情無所憾。自王公至皁隸。儀章異制。而上下之分莫敢爭。非出於性之所有。安能致是乎。○朱子曰。只是隨性去皆是道。吕氏說以人行道。若然。則未行之前。便不是道乎。○潛室陳氏曰。吕氏只就人性起。蓋不見天地大化。故其說性。說道。說教。皆不周普流通。此朱子所以不取。游氏所謂無容私焉則道在我。楊氏所謂率之而已者。似亦皆有吕氏之病也。廣平游氏曰。天之命萬物者道也。而性者具道以生也。因其性之固然而無容私焉。則道在我矣。若出於人爲。則非道矣。○龜山楊氏曰。性天命也。命天理也。道則性命之理而已。謂性有不善者誣天也。性無不善。則不可加損也。無俟乎脩焉。率之而已。至於脩道。則程子養之以福。脩而求復如字之云。却似未合子思本文之意。程子曰。民受天地之中以生。天命之謂性也。人之生也直。意亦如此。若以生爲生養之生。却是脩道之謂教也。至下文始自云能者養之以福。不能敗以取禍。又曰。脩道之謂教。此則專在人事以失其本性故脩而求復之則入於學若元不失則何脩之有獨其一條所謂循此脩之各得其分扶問反而引舜事以通結之者為得其旨故其門人亦多祖之但所引舜事或非論語本文之意耳程子曰循此而脩之各得其分則教也自天命以至於教我無加損焉此舜有天下而不與焉者也○朱子曰脩道雖以人事言然其所以脩之者莫非天命之本然非人私智所能為也然非聖人有不能盡故程子以舜事明之○陵陽李氏曰此又自其性之本然者而推言之所引論語雖非本文之意大率以為一循其本然非私智所能與耳呂氏所謂先王制禮達之天下傳之後世者得之但其本說率性之道處已失其指而於此又推本之以為率性而行雖已中節而所稟不能無過不及若能心誠求之自然不中不遠但欲達之天下傳之後

世所以又當脩道而立教焉，則為太繁複音福**而失本文之意耳。**藍田呂氏曰。循性而行，無物撓之。雖無不中節者。然以稟於天者不能無厚薄昏明。則應於物者亦不能無小過小不及。故品節斯，斯之謂禮。閔子除喪而見孔子。予之琴而彈之。切切而言曰。先王制禮不敢過也。子夏除喪而見孔子。予之琴而彈之。侃侃而言曰。先王制禮不敢不及也。故心誠求之。雖不中不遠矣。然將達之天下，傳之後世。慮其所終。稽其所敝。則其小過不及者。不可以不脩。此先王所以制禮。**改本又以時位不同為言，似亦不親切也。**藍田呂氏改本云。道之在人。有時與位之不同。必欲為法於後世。不可不脩。

○曰。楊氏所論王氏之失如何。龜山楊氏曰。臨川王氏云。天使我有是之謂命。命之在我之謂性。是未知性命之理。其曰使我。正所謂使然也。使然者可以為命乎。以命在我為性。則命自一物。若中庸言天命之謂性。性即天命也。又豈二物哉。如云在天為命。在人為性。此語似無病。然亦不須如此說。性命初無二理。第所由之者異耳。率性之謂道。如易所謂聖人之作易將以順性命之理是也曰王氏之言固爲多病然此所云天使我有是者猶曰上帝降衷云爾豈眞以爲有或使之者哉其曰在天爲命在人爲性則程子亦云而楊氏又自言之蓋無悖於理者今乃指爲王氏之失不惟似同浴而譏裸魯果反程音呈亦近於意有不平而反爲至公之累矣且以率性之道爲順性命之理文意亦不相似若游氏以遁天倍音佩情爲非性廣平游氏曰惟皇上帝降衷于下民則天命也若遁天倍情則非性矣則又不若楊氏人欲非性之云也龜山楊氏曰天命之謂性人欲非性也

○曰然則呂游楊侯四子之說孰優曰此非後學之所敢言也但以程子之言論之則於呂稱其深潛縝

密。上止忍反於游稱其穎悟温厚。謂楊不及游。而亦每稱其穎悟。謂侯生之言但可隔壁聽。今且熟復其言。究覈下華反其意而以此語證之。則其高下淺深亦可見矣。過此以往。則非後學所敢言也

或問既曰道也者不可須臾離也。可離非道也。是故君子戒慎乎其所不睹。恐懼乎其所不聞矣。而又曰莫見乎隱。莫顯乎微。故君子慎其獨也。何也。曰。此因論率性之道。以明由教而入者其始當如此。蓋兩事也。其先言道不可離。而君子必戒謹恐懼乎其所不睹。不聞者。所以言道之無所不在。無時不然。學者當無須臾毫忽之不

謹而周防之。以全其本然之體也。又言莫見乎隱莫顯乎微。而君子必謹其獨者。所以言隱微之間。人所不見而己獨知之。則其事之纖悉無不顯著。又有甚於他人之知者。學者尤當隨其念之方萌而致察焉。以謹其善惡之幾(平聲)也。蓋所謂道者。率性而已。性無不有。故道無不在。大而父子君臣。小而動靜食息。不假人力之爲而莫不各有當然不易之理。所謂道也。是乃天下人物之所共由。充塞(先則反)天地。貫徹古今。而取諸至近則常不外乎吾之一心。循之則治(去聲)。失之則亂。蓋無須臾之頃可得而暫離也。若其可以暫合暫離。而於事無所損益則是人力私智之所爲者，而非率性之謂矣。聖人之所脩以爲教者，因其不可離者而品節之也。君子之所由以爲學者，因其不可離者而持守之也。三山陳氏曰：君子必欲存養持守以保全之者，正爲其不可離而去之，如飢食渴飲之不可無也。○新安陳氏曰：持守指戒謹恐懼。是以日用之間，須臾之頃，持守工夫一有不至，則所謂不可離者，雖未嘗不在我，而人欲間去聲之，則亦判然二物而不相管矣。是則雖曰有人之形，而其違禽獸也何遠哉。是以君子戒慎乎其目之所不及見，恐懼乎其耳之所不及聞，瞭音了然心目之間，常若見其不可離者，而不敢有須臾之間去聲以流於人欲之私，而陷於禽獸之域。若書之言防怨而曰不見見形甸反是圖禮之言事親而曰聽於無聲視於無形蓋不待其徵於色發於聲然後有以用其力也五子之歌云一人三失怨豈在明不見是圖○曲禮曰凡爲人子者居不主奧坐不中席云云聽於無聲視於無形○朱子曰不見是圖既是不見安得有圖只是要於未有兆眹無可睹聞時先戒懼取○聽於無聲視於無形只是照管所不到念慮所不及處正如防賊相似須要塞其來路夫音扶既已如此矣則又以謂道固無所不在而幽隱之間乃他人之所不見而己所獨見道固無時不然而細微之事乃他人之所不聞而己所獨聞是皆常情所忽以爲可以欺天罔人而不必謹者而不知吾心之靈皎如日月既已知之則其毫髮之間無所潛遁又有甚於他人之

知矣。又況既有是心，藏伏之久，則其見（形甸反，下以見同）於聲音容貌之間，發於行事施爲之實，必有暴著而不可揜者。又不止於念慮之差而已也。（朱子曰：隱微顯著未嘗有異，豈怠於顯而偏於獨哉。蓋獨者至用之源，而人所易忽，於此而必謹焉，則亦無所不謹矣。）是以君子既戒懼乎耳目之所不及，則此心常明，不爲物蔽，而於此尤不敢不致其謹焉，必使其幾微之際無一毫人欲之萌，而純乎義理之發，則下學之功盡善全美，而無須臾之間（去聲）矣。二者相須，皆反躬爲（去聲）己，遏人欲存天理之實事。蓋體道之功，莫有先於此者，亦莫有切於此者，故子思於此首以爲言，以見君子之學必由此而入也。（朱子曰：幾者動之微。是欲動未動之間。○陳氏曰。此兩節是做工夫處。見得聖賢體道之功甚密。○新安陳氏曰。體道者。以身任此道。如文言所謂體仁。曰。諸家之說。皆以戒慎不睹。恐懼不聞。即爲謹獨之意。子乃分之以爲兩事。無乃破碎支離之甚邪。曰。既言道不可離。則是無適而不在矣。而又言莫見乎隱。莫顯乎微。則是要切之處。尤在於隱微也。既言戒謹不睹。恐懼不聞。則是無處而不謹矣。又言謹獨。則是其所謹者。尤在於獨也。是固不容於不異矣。若其同爲一事。則其爲言又何必若是之重平聲複音福邪。且此書卒章潛雖伏矣。不愧屋漏。亦兩言之。正與此相首尾。朱子曰。戒懼是未有事時。相在爾室。尚不愧于屋漏。未動而敬。不言而信之時。謹獨便已有形迹了。潛雖伏矣。亦孔之昭。

詩人言語只是大綱說。子思又就裏面別出這話來教人。又較緊密。○陳氏曰。潛雖伏矣一節。以申明首章謹獨意。不愧屋漏一節。申明首章戒懼不睹不聞意但諸家皆不之察。獨程子嘗有不愧屋漏與謹獨是持養氣象之言其於二者之間特加與字是固已分爲兩事而當時聽者有未察耳。程子曰。要脩持他這天理則在德。須有不言而信者。言難爲形狀。養之則須直。不愧屋漏與謹獨。這是箇持養底氣象曰。子又安知不睹不聞之不爲獨乎。曰。其所不睹不聞者。己之所不睹不聞也。故上言道不可離。而下言君子自其平常之處無所不用其戒懼。而極言之以至於此也。獨者。人之所不睹不聞也。故上言莫見乎隱。莫顯乎微。而下言君子之所謹者。尤在於此幽隱之地也。是其語勢自相唱和（去聲）各有血脉理甚分明如曰是兩條者皆爲謹獨之意則是持守之功無所施於平常之處而專在幽隱之間也且雖免於破碎之譏而其繁複偏滞而無所當（去聲）亦甚矣朱子曰其之一字便見得是說已不睹不聞處○不睹不聞是提其大綱說謹獨乃審其細微方不睹不聞不惟人所不知自家亦有所未知若所謂獨即人所不知己所獨知極是要戒懼自來人說不睹不聞與謹獨只是一意無分別則便不是戒謹不睹恐懼不聞非謂於睹聞之時不戒謹也言雖不睹不聞之際亦致其謹則睹聞之際其謹可知也○陳氏曰莫見乎隱莫顯乎微對道不可須臾離可離非道句君子必慎其獨對戒慎乎其所不睹恐懼乎其所不聞句惟其道不可須臾離可離非道所以戒慎其所不睹恐懼其所不聞惟其莫見乎隱莫顯乎微所以必慎其獨○曰程子所謂隱微之際若與呂氏改本及游楊氏不同而子一之何

邪。曰。以理言之則三家不若程子之書。以心言之則程子不若三家之察。是。固若有不同者矣。然必有是理然後有是心。有是心而後有是理。則亦初無異指也。合而言之。亦何不可之有哉。程子曰。人只以耳目所見聞者為顯見。所不見聞者為隱微。然不知理却甚顯也。且如昔人彈琴見螳螂捕蟬而聞者以為有殺聲。殺在心而人聞其琴而知之。豈非顯乎。人有不善而自謂人不知之。然天地之理甚著。不可欺也。○藍田呂氏曰。此章明道之要不可不誠。道之在我。猶飲食居處之不可去。可去皆外物也。誠以為己。故不欺其心。人心至靈。一萌之思。善與不善莫不知之。他人雖明有所不與也。故慎其獨者。知為己而已。○廣平游氏曰。人所不睹可謂隱矣。而心獨知之。不亦見乎。人所不聞可謂微矣。而心獨聞之。不亦顯乎。○龜山楊氏曰。獨非交物之時。有動于中。其違未遠也。雖非視聽所及。而其幾固已瞭然。心目之間矣。其為顯見。孰加焉。雖欲自蔽。吾誰欺。欺天乎。此君子必慎其獨也。○問程子舉彈琴殺心處是就人知處言呂游楊氏所說是就己自知處言章句是合二者而言否朱子曰有動于中己固先自知亦不能揜人之知所謂誠之不可揜也○問迹雖未形幾則已動上兩句是程子意人雖不知己獨知之下兩句是游氏意否曰然兩事只是一理幾既動則己必知之己既知則人必知之○曰他說如何曰呂氏舊本所論道不可離者得之但專以過不及爲離道則似未盡耳其論天地之中性與天道一節最其用意深處然經文所指不睹不聞隱微之間者乃欲使人戒懼乎此而不使人欲之私得以萌動於其間耳非欲使人虛空其心反觀於此以求見夫所謂中者而遂執之以爲應事之凖則也呂氏既失其指而所引用不得於言必有事焉參前倚衡之語亦非論孟本文

之意至謂隱微之間有昭昭而不可欺感之而能應者則固心之謂矣而又曰正惟虛心以求則庶乎見之是又別以一心而求此一心見此一心也豈不誤之甚哉

藍田呂氏曰率性之謂道則四端之在我者人倫之在彼者皆吾性命之理受乎天地之中所以立人之道不可須臾離也絕類離倫無意乎君臣父子者過而離乎此者也賊恩害義不知有君臣父子者不及而離乎此者也雖過不及有差而皆不可以行於世故曰可離非道也非道者非天地之中而已非天地之中而自謂有道惑也又曰所謂中者性與天道也謂之有物則不得於言謂之無物則必有事焉不得於言者視之不見聽之不聞無聲形接乎耳目而可以道也必有事焉者莫見乎隱莫顯乎微體物而不可遺者也古之君子立則見其參於前在輿則見其倚於衡是何所見乎洋洋乎如在其上如在其左右是果何物乎學者見乎此則庶乎能擇中庸而執之隱微之間不可求之於耳目不可道之於言語然有所謂昭昭而不可欺感之而能應者

正惟虛心以求之，則庶乎見之。故曰莫見乎隱，莫顯乎微。○朱子曰：心者，人之所以主乎身者也，一而不二者也，爲主而不爲客者也，命物而不命於物者也。故以心觀物，則物之理得。今復有物以反觀乎心，則是此心之外復有一心而能管乎此心也。然則所謂心者爲一耶？爲二耶？爲主耶？爲客耶？爲命物者耶？爲命於物者耶？若參前倚衡之云者，則爲忠信篤敬而發也。蓋曰忠信篤敬不忘乎心，則無所適而不見其在是云爾，亦非有以見其心之謂也。且身在此而心參於前，身在輿而心倚於衡，是果何理也耶？　若楊氏無適非道之云，則善矣，然其言似亦有所未盡。蓋衣食作息視聽舉履皆物也，其所以如此之義理準則乃道也。若曰所謂道者不外乎物，而人在天地之間不能違物而獨立，是以無適而不有義理之準則，不可頃刻去之而不由，則是中庸之旨也。若便指物以爲道，而曰人不能頃刻而離此。百姓特日用而不知耳。則是不惟昧於形而上上聲下之別筆列反。而墮於釋氏作用是性之失。且使學者誤謂道無不在。雖欲離之而不可得。吾既知之。則雖猖音昌狂妄行。亦無適而不爲道。則其爲害將有不可勝平聲言者。不但文義之失而已也。龜山楊氏曰。夫盈天地之間。孰非道乎。道而可離。則道有在矣。譬之四方有定位焉。適東則離乎西。適南則離乎北。斯則可離也。若夫無適而非道。則烏得而離耶。故寒而衣。飢而食。日出而作。晦而息。耳目之視聽。手足之舉履。無非道也。此百姓所以日用而不知。○問龜山言飢食渴飲。手持足行。便是道。竊謂手持足履未是道。手容恭。足容重。乃是道也。目視耳聽未是道。視明聽聰乃是道也。或謂不然。其說云。手之不可履。猶足之不可持。此是天職。率性之謂道。只循此自然之理耳。不審如何。朱子曰。不然。桀紂亦會手持足履。目視耳聽。如何便喚做道。若便以爲道。是認欲爲道也。伊川云。夏葛冬裘飢食渴飲若著些私吝心便是廢天職須看著此私吝心字○衣食動作只是物物之理乃道將物喚做道則不可且如這箇椅子有四隻脚可以坐此椅之理也若除去一隻脚坐不得便失其椅之理矣形而上爲道形而下爲器就這形而下之器中便有那形而上之道若便將形而下之器作形而上之道則不可所謂格物便是要就這形而下之器窮得那形而上之道理而已飢而食渴而飲日出而作日入而息其所以飲食作息者皆道之所在也若便謂飲食作息者是道則不可與龐居士神通妙用運水搬柴之類一般亦是此病如徐行後長與疾行先長都一般是行只是徐行後長方是道若疾行先長便不是道豈可說只認得行處便是道神通妙用運水搬柴須是運得水是搬得柴是方是神通妙用若運得不是搬得不是如何是神通妙用佛家所謂作用是性便是如此他都不理是和非只認得這衣食作息視聽舉履便是道儒家則須是就這上尋討道理方是道龜山云伊尹之耕于莘野此農夫田父之所日用者而樂在是如此則世之伊尹甚多矣龜山說話大槩有此病

○曰呂氏之書今有二本子之所謂舊本則

無疑矣。所謂改本。則陳忠肅公所謂程氏明道夫子之言而竊之序者。子於石氏集解雖嘗辨之。而論者猶或以爲非程夫子不能及也。柰何。曰是則愚嘗聞之劉李二先生矣。舊本者呂氏太學講堂之初本也。改本者其後所脩之別本也。陳公之序蓋爲傳者所誤而失之。及其兄孫幾（平聲）叟具以所聞告之。然後自覺其非。則其書已行而不及改矣。近見胡仁仲所記侯師聖語亦與此合。蓋幾叟之師楊氏。實與呂氏同出程門。師聖則程子之內弟。而劉李之於幾叟。仁仲之於師聖。又皆親見而親聞之。是豈胷臆私見口舌浮辨所得而奪哉。若更以其言考之則二書詳略雖或不同然其語意實相表裏。如人之形貌昔腴（音臾肥也）今瘠（音夕瘦也）而其部位神采初不異也。豈可不察而遽謂之兩人哉。又況改本猒前之詳而有意於略。故其詞雖約而未免反有刻露峭急之病。至於詞義之間失其本指則未能改於其舊者尚多有之。校（音教）之明道平日之言。平易（去聲）從（七容反）容而自然精切者。又不翅（通作啻施智反）碔砆（音武夫石之次玉者）之與美玉也。於此而猶不辨焉則其於道之淺深固不問而可知矣

或問喜怒哀樂之未發謂之中。發而皆中節謂之和。中也者天下之大本也。和也者天下之達道也。致中和。天地

位焉萬物育焉何也曰此推本天命之性以明由教而入者其始之所發端中和終之所至極位育皆不外於吾心也蓋天命之性萬理具焉喜怒哀樂各有攸當去聲下其當同方其未發渾然在中渾上聲後凡言渾然音同無所偏倚故謂之中及其發而皆得其當無所乖戾故謂之和謂之中者所以狀性之德道之體也以其天地萬物之理無所不該故曰天下之大本謂之和者所以著情之正道之用也以其古今人物之所共由故曰天下之達道蓋天命之性純粹至善而具於人心者其體用之全本皆如此不以聖愚而有加損也然靜而不知所以存之則天理昧

而大本有所不立矣。動而不知所以節之，則人欲肆而達道有所不行矣。朱子曰：未發時是那靜，有箇體在裏了。若靜而不失其體，便是天下之大本立焉。或失其體，則大本便昏了。已發時是那動，有許多用。若動而不失其用，便是天下之達道行焉。或失其用，則達道便乖了。○大本不立，達道不行，則雖天理流行未嘗間斷，而在我者或幾乎息矣。惟君子自其不睹不聞之前，而所以戒謹恐懼者愈嚴愈敬，以至於無一毫之偏倚，而守之常不失焉，則爲有以致其中，而大本之立日以益固矣。尤於隱微幽獨之際，而所以謹其善惡之幾平聲者愈精愈密，以至於無一毫之差謬靡幼反，而行之每不違焉，則爲有以致其和，而達道之行日以益廣矣。潛室陳氏曰：戒懼於不睹不聞時，此則未發時工夫；謹獨於隱微時，此即已發時工夫。非戒懼何以見其致中。非謹獨又何以爲致和。血脉相承如此。○格庵趙氏曰。愈嚴愈敬。是自其未發之體而存養之。愈精愈密。是自其已發之用而省察之致者用力推致而極其至

之謂致焉。而極其至。至於靜而無一息之不中。則吾心正而天地之心亦正。故陰陽動靜各止其所。而天地於此乎位矣。動而無一事之不和。則吾氣順而天地之氣亦順。故充塞無間去聲驩與歡通欣交通而萬物於此乎育矣。朱子曰。和則交感而萬物育矣。○新安陳氏曰。中者心之德。吾之心通乎天地之心。正則俱正矣。吾氣順和之驗也。以吾之和氣感召天地之和氣。順則俱順矣此萬化之本原。一心之妙用。聖神之能事。學問之極功。新安陳氏曰。由位育推其本於致中和。故曰萬化之本原。自致中和極其功於位育。故曰一心之妙用。究極之。惟大聖人能與於此。乃聖神之能事。降聖人一等而

論之。由教而入者。果能盡致中和之工夫。則其學問之極功。亦可庶幾乎此也固有非始學所當議者。然射者之的。行者之歸。[如射者志於中的。行者志於歸家]亦學者立志之初所當知也。故此章雖爲一篇開卷之首。然子思之言亦必至此而後已焉。其指深矣。○曰。然則中和果二物乎。曰。觀其一體一用之名。則安得不二。察其一體一用之實。則此爲彼體。彼爲此用。如耳目之能視聽。視聽之由耳目。初非有二物也。[陳氏曰。體用未嘗相離。有是體方有是用。有是用方見是體]○曰。天地位萬物育。諸家皆以其理言。子獨以其事論。然則自古衰亂之世。所以病乎中和者多矣。天地之位。萬物之育。豈以是而失其常耶。曰。三辰失行山崩川竭則不必天翻地覆然後爲不位矣兵亂凶荒胎殰卵殈則不必人消物盡然後爲不育矣（樂記曰。胎生者不殰而卵生者不殈。殰。音獨。內敗也。殈。呼壁。況狄二反。裂也）凡若此者豈非不中不和之所致而又安可誣哉今以事言者固以爲有是理而後有是事彼以理言者亦非以爲無是事而徒有是理也但其言之不備有以啓後學之疑不若直以事言而理在其中之爲盡耳曰然則當其不位不育之時豈無聖賢生於其世而其所以致夫（音扶下同）中和者乃不能有以救其一二何邪曰善惡感通之理亦及其力之所至而止耳彼達而在上者既曰有以病之則夫災異之變又豈窮而在下者所能救也哉。但能致中和於一身，則天下雖亂，而吾身之天地萬物不害爲安泰。春秋戰國時之孔孟是也。其不能者，天下雖治，去聲而吾身之天地萬物不害爲乖錯。唐虞之四凶，有周之管蔡是也。其間一家一國，莫不皆然，此又不可不知耳。朱子曰：尊卑上下之大分，即吾身之天地也。應變曲折之萬端，即吾身之萬物也。○黃氏曰：如達而在上，固是堯舜事業；窮而在下，只如在一鄉不擾，便是一鄉萬物育；在一家不擾，便是一家萬物育。曰：二者之爲實事可也，而分中和以屬焉，將不又爲破碎之甚邪？曰：世固未有能致中而不足於和者，亦未有能致和而不本於中者也；未有天地已位而萬物不育者，亦未有天地不位而萬物自育者也。特據其效而推本其所以然則各有所從來而不可紊耳〇曰子思之言中和如此而周子之言則曰中者和也中(去聲後凡言中節音同)節也天下之達道也(周子通書中語)乃舉中而合之於和然則又將何以爲天下之大本也邪曰子思之所謂中以未發而言也周子之所謂中以時中而言也愚於篇首已辨之矣學者涵泳而別(筆列反)識之見其並行而不相悖焉可也(朱子曰中庸之中是兼已發而中節無過不及者得名若不識得此理則周子之言更解不得〇北溪陳氏曰未發之中是就性上論已發之中是就事上論當喜而喜當怒而怒那恰好處無過不及便是中此中即所謂和也所以周子曰中也者和也是指已發之中也)〇曰程呂問答如何曰考之文集則是其書蓋不完矣然程子初謂凡言

心者皆指已發而言。而後書乃自以爲未當。去聲。下未當同。向非呂氏問之之審。而不完之中。又失此書。則此言之未當。學者何自而知之乎。以此又知聖賢之言。固有發端而未竟者。學者尤當虛心悉意以審其歸。未可執其一言而遽以爲定也。藍田呂氏問曰。先生謂凡言心者皆指已發而言。然則未發之前謂之無心可乎。竊謂未發之前。心體昭昭具在。已發乃心之用也。程子曰。凡言心者指已發而言。此固未當。心一也。有指體而言者。寂然不動是也。有指用而言者。感而遂通天下之故。是也。惟觀其所見何如耳。其說中字因過不及而立名。又似併指時中之中。而與在中之義少異。蓋未發之時在中之義。謂之無所偏倚則可。謂之無過不及。則方此之時。未有中節不中節之可言也。

無過不及之名亦何自而立乎。又其下文皆以不偏不倚爲言，則此語者亦或未得爲定論也。

藍田呂氏曰。中即性也。程子曰。中也者所以狀性之體段。猶稱天圓地方而不可謂方圓即天地。中之爲義。自無過不及而立名。而指中爲性可乎○問渾然在中。恐是喜怒未發。此心至虛。都無偏倚。停停當當。恰在其中間。所謂獨立而不近四傍。心之體地之中也。朱子曰。在中者未動時恰好處。時中者已動時恰好處。才發時不偏於喜。則偏於怒。不得謂之在中矣。然只要就所偏倚一事。處之得恰好則無過不及矣。蓋無過不及。乃無偏倚者之所爲。而無偏倚者。是所以能無過不及也○如喜而中節。便是倚於喜矣。但在喜之中無過不及。怒哀樂亦然。故謂之和○問程子曰。中所以狀性之體段。猶天之圓地之方也。故謂天圓地方則可。謂方圓足以盡天地則不可。晦翁謂喜怒哀樂未發則性也。愚意亦謂性與中一物耳。自天之所命則謂之性。自四者之未發則謂之中。若如程子所論。豈謂性是虛物。中是著實些箇。其不同或在此。潛室陳氏曰。四者未發。當此境界。即是人生而靜處。故晦翁指此爲性。蓋發則爲情。非以中爲性也。中只是狀其未發之時體段如此。若便以中爲性。則是稱圓爲天。稱方爲地。而可乎呂氏又引允執厥中以明未發之旨。則程子之說書也固謂允執厥中所以行之。蓋其所謂中者。乃指時中之中。而非未發之中也。呂氏又謂求之喜怒哀樂未發之時藍田呂氏曰。大人不失其赤子之心。乃所謂允執厥中者。又曰。聖人之學以中爲大本。中者無過不及之謂也。何所準則而知過不及乎。求之此心而已。此心之動。出入無時。何從而守之乎。求之喜怒哀樂未發之時而已則程子所以答蘇季明之問。又已有既思即是已發之說矣。凡此皆其決不以呂說爲然者。獨不知其於此何故略無所辨。學者亦當詳之。未可見其不辨而遽以爲是也。蘇氏問。於喜怒哀樂之前求中可否。程子曰。不可。既思於喜怒哀樂未發之前求之。又却是思也。既思即是已發。思與喜怒哀樂一般。纔發謂之和。不可謂之中也。問。呂氏言當求於喜怒哀樂未發之前。信斯言也。恐無著莫。如之何而可。曰。言存養於喜怒哀樂未發之時則可。若言求中於喜怒哀樂未發之前則不可。○朱子曰。程子纔思即是已發一句。能發明子思言外之意。蓋言不待喜怒哀樂之發。但有所思即是已發。此意已極精微。說到未發界至十分盡頭。不可以有加矣。曰。然則程子卒以赤子之心爲已發何也。曰。衆人之心莫不有未發之時。亦莫不有已發之時。不以老稚賢愚而有別（筆列反）也。但孟子所指赤子之心純一無僞者。乃因其發而後可見。若未發則純一無僞又不足以名之。而亦非獨赤子之心爲然矣。是以程子雖改夫（音扶）心皆已發之一言。而以赤子之心爲已發則不可得而改也。蘇氏問赤子之心爲已發是否。程子曰。已發而去道未遠也。曰。大人不失其赤子之心如何。曰。取其純一近道也○藍田呂氏曰。喜怒哀樂之未發則赤子之心當求其未發此心至虛。無所偏倚。故謂之中。程子曰。喜怒哀樂未發謂之中。赤子之心發而未遠乎中。若便謂之中是不識大本也○朱子曰。赤子之心動靜無常非寂然不動之謂故不可謂之中。然無營欲知巧之思。故謂未遠乎中。未發之中本體自然不須窮索曰。程子明鏡止水之云固以聖人之心爲異乎赤子之心矣然則此其爲未發者邪。曰。聖人之心。未發則爲水鏡之體。旣發則爲水鏡之用。亦非獨指未發而言也。蘇氏問赤子之心與聖人之心如何。程子曰。聖人之心如明鏡止水曰。諸說如何。曰。程子備矣。但其答蘇季明之後章記錄多失本眞答問不相對值。如耳無聞目無見之答。以下文若無事時須見須聞之說參之其誤必矣朱子曰。子思只說喜怒哀樂。今却轉向見聞上去。所以說得愈多。愈見支離紛冗。都無交涉。此乃程門請問記録者之罪也蓋未發之時。但爲未有喜怒哀樂之偏耳。若其目之有見耳之有聞則當愈益精明而不可亂。豈若心不在焉而遂廢耳目之用哉。蘇氏問當中之時。耳無聞。目無見否。程子曰。雖耳無聞。目無見。然見聞之理在始得其言靜時既有知覺。豈可言靜。而引復以見天地之心爲說。亦不可曉。蓋當至靜之時。但有能知覺者。而未有所知覺也。故以爲靜中有物則可。而便以纔思即是已發爲比則未可。以爲坤卦純陰而不爲無陽則可。而便以復之一陽已動爲比則未可也。所謂無時不中者。所謂善觀者却於已發之際觀之者。則語雖要切。而其文意亦不能無斷續。至於動上求靜之云，則問者又轉而之他矣。蘇氏問中是有時而中否。程子曰。何時而不中。以事言之則有時而中。以道言之何時而不中。曰。固是所爲皆中。然而觀於四者未發之時靜時自有一般氣象。及至接事時又自别。何也。曰。善觀者不如此。却於喜怒哀樂已發之際觀之。賢且說靜時如何。曰。謂之無物則不可。然自有知覺處。曰。既有知覺。却是動也。怎生言靜。人說復其見天地之心。皆以謂至靜能見天地之心。非也。復之卦下面一畫便是動也。安得謂之靜。自古儒者皆言靜見天地之心。惟某言動而見天地之心。或曰。莫是動上求靜否。曰。固是。然最難。○朱子曰。至靜之時但有能知能覺者而無所知所覺。此易卦爲純坤不爲無陽之象。若論復卦。則須以有所知覺者當之。不得合爲一說矣。故邵子亦云一陽初動處。萬物未生時。此至微至妙處。須虛心靜處方始見得其答動字靜字之問。答敬何以用功之問。答思慮不定之問。以至若無事時須見須聞之說。則皆精當。當去聲○或曰。喜怒哀樂未發之前下動字下靜字。程子曰。謂之靜則可。然靜中須有物始得。這裏便是難處。學者莫若自先理會得敬。能敬則自知此矣。或曰。敬何以用功。曰。莫若主一。○問某嘗患思慮不定。或思一事未了。他事如麻又生。如何。曰。不可。此不誠之本。須是習能專一時便好。不拘思慮與應事。皆要求一。○或曰。當靜坐時物之過乎前者。還見不見。曰。看事如何。若是大事。如祭祀前旒蔽明。黈纊充耳。凡物之過者不見不聞也。若無事時。自須見。耳須聞。旒。音流。冕之前後垂者。黈。他口反。黃色。冕兩旁纊也。纊。音曠。綿也。蓋以綿爲圜而其色黃。名曰黈纊也。○朱子曰。靜中有物者。只是知覺不昧。或引程子語纔有知覺便是動爲問。曰。若云知寒覺暖便是知覺已動。今未曾著於事物。但有知覺在。何妨其爲靜。不成靜坐便只是瞌睡。但其曰當祭祀時無所見聞。則古人之制祭服而設旒纊。雖曰欲其不得廣視雜聽而致其精一。然非以是爲眞足以全蔽其聰明。使之一無見聞也。若曰屨之有絇音劬以爲行戒。尊之有禁以爲酒戒。然初未嘗以是而遂不行不飲也。新安陳氏曰。絇謂之拘。以絲爲之。著舄屨之頭以爲行戒。禁者承酒尊之器。名禁者。以爲酒戒也。若使當祭之時眞爲旒纊所塞先則反。後並同。遂如聾瞽則是禮容樂節皆不能知亦將何以致其誠意交於鬼神哉。程子之言決不如是之過也。至其答過而不留之問。則又有若不相值而可疑者。或曰。當敬時雖見聞莫過焉而不留否。程子曰。不說道非禮勿視勿聽。勿者禁止之辭。纔說弗字便不得也。○朱子曰。便是祭祀若耳無聞目無見。即其升降饋奠皆不能知其時節之所宜。雖有贊引之人。亦不聞其告語之聲。故前旒黈纊之說。亦只是說欲其專一於此而不雜他事之意。非謂奉祭祀時節無見聞也。大抵此條最多謬誤。蓋聽他人之問而從旁竊記。非唯未了答者之意。而亦未悉問者之情。是以致此亂道而誤人耳。然而猶幸其間紕（篇夷反）漏顯然尚可尋繹（音亦）以別（筆列反）其僞。獨微言之湮（音因）沒者遂不復傳爲可惜耳。呂氏此章之說尤多可疑。如引屢空貨殖及心爲甚者其於彼此蓋兩失之。其曰由空而後見夫（音扶下同）中是又前章虛心以求之說也。其不陷而入浮屠者幾希矣（幾平聲後凡言幾希庶幾音同）。蓋其病根正在欲於未發之前求見夫所謂中者而執之。是以屢言之而病愈甚。殊不知經文所謂致中和者亦曰當其未發此心至虛。如鏡之明如水之止則但當敬以存之而不使其小有偏倚。至於事物之來此心發見（賢遍反後凡言發見音同）喜怒哀樂各有攸當（去聲）則又當敬以察之而不使其小有差忒（他得反）而已。未有如是之說也。且曰未發之前，則宜其不待著（陟略反）意推求而瞭（音了）然心目之間矣。一有求之之心，則是便爲已發，固已不得而見之。況欲從而執之，則其爲偏倚亦甚矣，又何中之可得乎。且夫未發已發，日用之間固有自然之機，不假人力。方其未發，本自寂然，固無所事於執。及其當發，則又當即事即物，隨感而應，亦安得塊（苦怪、苦潰二反）然不動而執此未發之中邪。此爲義理之根本，於此有差，則無所不差矣。此呂氏之說所以條理紊（音問）亂，援引乖刺（郎葛反）而不勝（平聲）其可疑也。程子譏之，以爲不識大本，豈不信哉。

藍田呂氏曰。人莫不知義理之當。無過無不及之爲中。未及乎所以中也。喜怒哀樂未發之前。反求吾心。果何爲乎。回也其庶乎屢空。惟空然後可以見乎中。而空非中也。必有事焉。喜怒哀樂之未發。無私意小知撓乎其間。乃所謂空。曰空然後見乎中。實則不見也。若子貢聚聞見之多。其心已實。如貨殖焉。所蓄有素。所應有限。雖曰富有。亦有時而窮。故億則屢中。而未皆中也。權然後知輕重。度然後知長短。物皆然。心爲甚。則心之度物。甚於權度之審。其應物當無毫髮之差。然人應物不中節者常多。其故何也。由不得中而執之。有私意小知撓乎其間。故義理不當。或過或不及。猶權度之法不精。則稱量百物不能無銖兩分寸之差也。此所謂性命之理。出於天道之自然。非人私知所能爲也。故曰喜怒哀樂之未發謂之中○朱子曰。孟子乃是論心自度。非是心度物○欲執喜怒哀樂未發之中。不知如何執得。那事來面前。只得應他。當喜便喜。當怒便怒。如何執得

楊氏所謂未發之時。以心驗之。則中之義自見。執而勿失。無人欲之私焉。則發必中節矣。又曰。須於未發之際能體

所謂中其曰驗之體之執之則亦呂氏之失也其曰其慟（音洞）其喜中固自若疑與程子所云言和則中在其中者相似然細推之則程子之意正謂喜怒哀樂已發之處見得未發之理發見在此一事一物之中各無偏倚過不及之差乃時中之中而非渾然在中之中也若楊氏之云中固自若而又引莊周出怒不怒之言以明之（莊子庚桑楚篇云敬之而不喜侮之而不怒者唯同乎天地者爲然出怒不怒則怒出於不怒矣出爲無爲則爲出於無爲矣）則是以爲聖人方當喜怒哀樂之時其心漠然同於木石而姑外示如此之形凡所云爲皆不復出於中心之誠矣大抵楊氏之言多雜於佛老故其失類如

此其曰當論其中去聲否不當論其有無則至論也。龜山楊氏

曰。但於喜怒哀樂未發之際以心驗之。則中之義自見。非精一焉能執之。○又曰。執而勿失無人欲之私焉。發必中節矣。發而中節。中固未嘗亡也。孔子之慟。孟子之喜。因其可慟可喜而已。於孔孟何有哉。其慟也。其喜也。中固自若也。鑑之茹物。因物而異形。而鑑之明未嘗異也。莊生所謂出怒不怒。則怒出於不怒。出爲無爲。則爲出於無爲。亦此意也。若聖人而無喜怒哀樂。則天下之達道廢也。一人横行於天下。武王亦不必耻也。故於是四者當論其中節不中節。不當論其有無也。○又曰。須是於喜怒哀樂未發之際能體所謂中。於喜怒哀樂已發之後能得所謂和。致中和。則天地可位。萬物育矣。

或問此其稱仲尼曰何也。曰。首章夫子之意而子思言之。故此以下又引夫子之言以證之也。曰。孫可以字其祖乎。曰。古者生無爵。死無謚。謚神至反。正作謚。○二句出禮記郊特牲篇。則子孫

之於祖考亦名之而已矣。周人冠（去聲）則字而尊其名。死則謚而諱其名。則固已彌文矣。然未有諱其字者也。故儀禮饋食之祝詞曰。適爾皇祖伯某父。（音甫）乃直以字而面命之。況孔子爵不應（平聲後凡言不應音同）謚。而子孫又不得稱其字以別（筆列反）之。則將謂之何哉。若曰孔子。則外之之辭。而又孔姓之通稱。若曰夫子。則又當時衆人相呼之通號也。不曰仲尼而何以哉。（問子思稱夫子爲仲尼。朱子曰。昔人未嘗諱其字。程子云。予年十四五從周茂叔。本朝先輩尚如此。伊川亦嘗稱明道字。）○曰。君子所以中庸。小人之所以反之者何也。曰。中庸者。無過不及而平常之理。蓋天命人心之正也。（中庸之理。實自天命人性中來。）唯君子爲能知其在我而戒謹恐懼以無失其當然故能隨時而得中。小人則不知有此而無所忌憚故其心每反乎此而不中不常也○曰。小人之中庸王肅程子悉加反字蓋疊上文之語。然諸說皆謂小人實反中庸而不自知其爲非乃敢自以爲中庸而居之不疑。如漢之胡廣唐之呂温。柳宗元者則其所謂中庸是乃所以爲無忌憚也。如此則不煩增字而理亦通矣。漢書。胡廣字伯始。位至太傅。性温厚謹素。常遜言恭色。達練事體。明解朝章。雖無謇直之風。屢有補闕之益。故京師諺云。萬事不理問伯始。天下中庸有胡公○唐書。呂温字和叔。一字化光。從陸贄治春秋。貞元末擢進士第。後進戶部員外郎。藻翰精富。一時推讓。性險躁譎詭。好利。妄言宰相李吉甫陰事。憲宗貶均州。再貶道州。後徙衡州。○柳宗元。字子厚。少精敏絶倫。爲文章卓偉精緻。一時推仰。第進士博學宏詞科。授校書郎。後遭貶柳州刺史曰。小人之情狀固有若此者矣。但以文勢考之則恐未然。蓋論一篇之通體。則此章乃引夫子所言之首章。且當略舉大端以分別。筆列反君子小人之趨向。未當遽及此意之隱微也。若論一章之語脉。則上文方言君子中庸而小人反之。其下且當平解。兩句之義以盡其意。不應偏解上句而不解下句。又遽別生他說也。故疑王肅所傳之本爲得其正。而未必肅之所增。程子從之。亦不爲無所據而臆決也。程子曰。小人更有甚中庸。脫一反字。小人不主於義理。則無忌憚。所以反中庸也。亦有其心畏謹而不中亦是反中庸。語意有淺深則可。謂之中庸則不可諸說皆從鄭本。雖非本文之意然所以發明小人之情狀則亦曲盡其妙而足以警乎鄉原亂德之姦矣今存呂氏以備觀考他不能盡錄也藍田呂氏曰。君子蹈乎中庸小人反乎中庸者也。君子之中庸也。有君子之心又達乎時中。小人之中庸也。有小人之心反乎中庸無所忌憚而自謂之時中也。時中者。當其可之謂也。時止則止。時行則行。當其可也。可以仕則仕。可以止則止。可以速則速。可以久則久。當其可也。曾子子思易地則皆然。禹稷顏回同道。當其可也。舜不告而娶。周公殺管蔡。孔子以微罪行。當其可也。小人見君子之時中唯變所適而不知當其可而欲肆其姦心濟其私欲。或言不必信。行不必果。則曰唯義所在而已。然實未嘗知義之所在。有臨喪而歌。人或非之。則曰是惡知禮意。然實未嘗知乎禮意。猖狂妄行。不謹先王之法以欺惑流俗。此小人之亂德。先王之所以必誅而不以聽者也

或問民鮮能久或以爲民鮮能久於中庸之德而以下文

不能朞月守者證之何如。曰。不然。此章方承上章小人反中庸之意而泛論之未遠及夫音扶下同不能久也。下章自能擇中庸者言之乃可責其不能久耳。兩章各是發明一義不當遽以彼而證此也。且論語無能字而所謂矣者又已然之辭。故程子釋之以爲民鮮有此中庸之德則其與不能朞月守者不同文意益明白矣朱子曰。民鮮能久。緣下文有不能期月守之說故說者以爲久於其道之久。細考二章相去甚遠自不相蒙只合依論語說曰。此書非一時之言也。章之先後又安得有次序乎。曰。言之固無序矣。子思取之而著於此。則其次第行音杭列決有意謂。不應雜置而錯陳之也。故凡此書之例。皆文斷而意屬。音燭下同讀者先因其文之所斷以求本章之説徐次其意之所屬以考相承之序則有以各盡其一章之意而不失夫全篇之旨矣陳氏曰子思此書分章亦有次序皆是相接續發明去○新安陳氏曰此數句乃讀中庸之要法然程子亦有久行之説則疑出於其門人之所記蓋不能無差繆與謬同音而自世教衰之一條乃論語解而程子之手筆也程子曰中庸之爲德民不可須臾離民鮮有久行其道者也○中庸天下之至理德合中庸可謂至矣自世教衰民不興於行鮮有中庸之德也諸家之説固皆不察乎此然呂氏所謂厭常喜新質薄氣弱者則有以切中去聲學者不能固守之病讀者徙諸朞月之章而自省悉井反焉則亦足以有警矣藍田呂氏曰中庸者天下

之所共知所共行。猶寒而衣。飢而食。渴而飲。不可須臾
離也。衆人之情。厭常而喜新。質薄而氣弱。雖知不可離
而亦不能久也。惟君子之學。自明而誠。明而未至乎誠。
雖心悅而不去。然知不可不思。行不可不勉。在思勉之
分。而氣不能無衰。志不能無懈。故有日月至焉者。有三
月不違者。皆德之不可久者也。若至乎誠。則不思不勉
至于常久而不息。非聖人其孰能之。侯氏所謂民不識中。故鮮能久。若識
得中。則手動足履無非中者。則其踈闊又益甚矣。如曰
若識得中。則手動足履皆有自然之中。而不可離。則庶
幾耳。河東侯氏曰。民不能識中。故鮮能久。若識得中。則手動足履無非中者。故能久
或問此其言道之不行不明何也。曰。此亦承上章民鮮能
久矣之意也。三山陳氏曰。惟鮮能中庸者久。故知愚賢不肖。各隨氣質之偏而失焉 曰。知
去聲 愚之過不及。宜若道之所以不明也。賢不肖之過不

及宜若道之所以不行也。今其互言之何也。朱子曰。此正分明交互說。曰。測度。待洛反深微。揣楚委反摩事變。能知君子之所不必知者。知去聲者之過乎中也。昏昧蹇淺。不能知君子之所當知者。愚者之不及乎中也。知去聲之過者。既惟知是務。而以道爲不足行。愚者又不知所以行也。此道之所以不行也。刻意尚行。去聲驚世駭俗。能行君子之所不必行者。賢者之過乎中也。卑汚音烏苟賤。不能行君子之所當行者。不肖者之不及乎中也。賢之過者。既唯行是務。而以道爲不足知。不肖者又不求所以知也。此道之所以不明也。然道之所謂中者。是乃天命人心之正當然不易之理。固不外乎人生日用之間。特行而不著。習而不察。是以不知其至而失之耳。故曰人莫不飲食也。鮮能知味也。知味之正。則必嗜時利反之而不厭矣。知道之中則必守之而不失矣陳氏曰。人莫不飲食。是人間日用不可闕處。在人鮮能知其味。譬如道乃天之命於我性之所固有底。不可以須臾離。是人不自求知之。所以行矣而不著。習矣而不察。

或問此其稱舜之大知去聲下文之知知者音並同何也。曰此亦承上章之意。言如舜之知而不過。則道之所以行也。三山陳氏曰上章既嘆道之不行。此章遂以道之行者明之。知者過之。又鮮能知味。此道之所以不行也。若舜之大知。知而不過則道行矣蓋不自恃其聰明而樂音洛取諸人者如此。則非知者之過矣。又能執兩端而用其中。則非愚者之不及矣此舜之知所以爲大而非他人之所及也兩端之說吕楊爲優藍田吕氏曰兩端過與不及執其兩端乃所以用其時中猶持權衡而稱物輕重皆得其平故舜之所以爲舜取諸人用諸民皆以能執兩端而不失中也○龜山楊氏曰執其兩端所以權輕重而取中也由是而用於民雖愚者可及矣程子以爲執持過不及之兩端使民不得行則恐非文意矣蓋當衆論不同之際未知其孰爲過孰爲不及而孰爲中也故必兼總衆說以執其不同之極處而求其義理之至當去聲然後有以知夫音扶無過不及之在此而在所當行若其未然則又安能先識彼兩端者之爲過不及而不可行哉蘇氏問舜執其兩端註以爲過不及之兩端是乎程子曰是曰既過不及又何執乎曰執猶今之所謂執持使不得行也舜猶持過不及使民不得

行而用其中使民行之也

或問七章之說。曰。此以上句起下句。如詩之興虛應反耳。或以二句各爲一事言之。則失之也。

或問此其稱回之賢何也。曰。承上章不能朞月守者而言。如回之賢而不過。則道之所以明也。蓋能擇乎中庸。則無賢者之過矣。服膺弗失。則非不肖者之不及矣。然則茲賢也。乃其所以爲知去聲也歟。曰。諸說如何。曰。程子所引屢空。張子所引未見其止。皆非論語之本意。程子曰。顏子所以大過人者。只是得一善則拳拳服膺。與能屢空耳。○張子曰。顏子未至聖人而不已。故仲尼賢其進。未得中而不居。故惜夫未見其止也。唯呂氏之論顏子有曰。隨其所至。盡其所得據而守之。則拳拳服膺而不敢失。勉而進之。則既竭吾才而不敢緩。此所以恍惚先後而不可爲象。求見聖人之止。欲罷而不能也。此數言者乃爲親切確（克角反）實而足以見其深潛縝（止忍反）密之意。學者所宜諷誦而服行也。但求見聖人之止一句。文義亦未安耳。藍田呂氏曰。如顔子者。可謂能擇而能守也。高明不可窮。博厚不可極。則中道不可識。故仰之彌高。鑽之彌堅。瞻之在前。忽然在後。察其志也。非見聖人之卓不足謂之中。隨其所至。盡其所得。據而守之。則拳拳服膺而不敢失。勉而進之。則既竭吾才而不敢緩。此所以恍惚在前後而不可爲像。求見聖人之止。欲罷而不能也。侯氏曰。中庸豈可擇。擇則二矣。其務爲過高而不顧經文義理之實也亦甚矣哉。河東侯氏曰。中庸豈可擇。擇則二矣。此云擇者。如博學之。審問之。明辨之。勉而中。思而得者也。

故曰擇乎中庸

或問中庸不可能何也。曰。此亦承上章之意。以三者之難明中庸之尤難也。蓋三者之事亦知仁勇之屬而人之所難然皆必取於行而無擇於義且或出於氣質之偏事勢之迫未必從（七恭反）容而中節也。若曰中庸則雖無難知難行之事然天理渾然。無過不及苟一毫之私意有所未盡則雖欲擇而守之而擬議之間。忽已墮於過與不及之偏而不自知矣。此其所以雖若甚易（去聲）而實不可能也。故程子以克己最難言之。其旨深矣。游氏以舜為絕學無為。而楊氏亦謂有能斯有為之者。其違道遠矣循天下固然之理而行其所無事焉夫（音扶）何能之有則皆老佛之餘緒而楊氏下章所論不知不能爲道遠人之意亦非儒者之言也二公學於程氏之門號稱高第而其言乃如此殊不可曉也已（程子曰克己最難故曰中庸不可能也○廣平游氏曰其斯以爲舜則絕學無爲矣○新安陳氏曰楊氏之說或問中已可見茲不重出餘見下章）

或問此其記子路之問強何也曰亦承上章之意以明擇中庸而守之非強不能而所謂強者又非世俗之所謂強也蓋強者力有以勝人之名也凡人和而無節則必至於流中立而無依則必至於倚國有道而富貴或不能不改其平素國無道而貧賤或不能久處（上聲）乎窮約

非持守之力有以勝人者，其孰能反之？故此四者，汝子路之所當強也。南方之強，不及強者也；北方之強，過乎強者也；四者之強，強之中也。三山陳氏曰：南北之強雖不同，要之皆偏耳。至於汝之所當強者，此則理義之強，得強之中矣。子路好去聲勇，故聖人之言所以長其善而救其失者類如此。曰：和與物同，故疑於流，而以不流爲強；中立本無所依，又何疑於倚，而以不倚爲強哉？曰：中立固無所依也，然凡物之情，唯強者爲能無所依而獨立；弱而無所依，則其不傾側而偃仆音赴者幾希矣。此中立之所以疑於必倚，而不倚之所以爲強也。問：言中立而無依，則必至於倚，如何是無依？朱子曰：中立最難。譬如一物直立於此，中間無所依著，久之必倒去。問：

若要直立得住。須用強矯。曰。大故要強立。○潛室陳氏曰。中立者。四邊虛則立不住。易得求倚。唯強有力者不假倚自然中立曰。諸說如何。曰。大意則皆得之。惟以矯爲矯揉之矯。以南方之強爲矯哉之強。與顏子之強。以抑而強者爲子路之強。與北方之強者爲未然耳藍田呂氏曰。矯之爲言猶揉木也。木之性能曲能直。將使成材而爲器。故曲者直者皆在所矯。人之才有過有不及。將使合乎中庸。則過與不及皆在所矯。○河東侯氏曰。南方之強。顏子之強似之。故曰君子居之。北方之強。子路之強似之。故曰而強者居之。君子以自勝爲強。故曰強哉矯

或問十一章素隱之說。曰。呂氏從鄭註以素爲傃。音素嚮也。○呂氏曰。素讀如傃。鄉之傃。猶素其位之素也。固有未安。唯其舊說有謂無德而隱爲素隱者於義略通。又以遯世不見知之語反之似

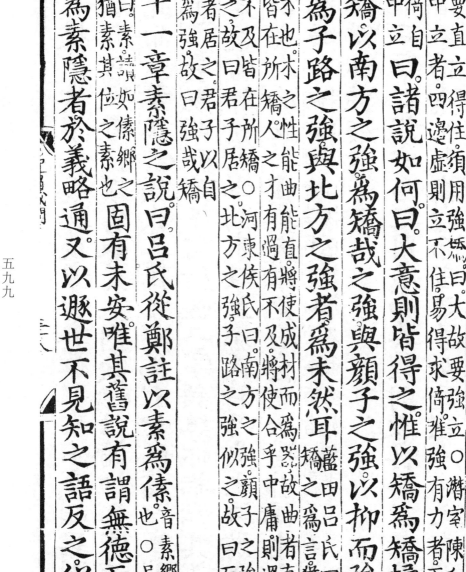

亦有據。但素字之義與後章素其位之素不應頓異。則又若有可疑者。獨漢書藝文志劉歆虛令反論神仙家流引此而以素爲索。顏氏又釋之以爲求索隱暗之事。則二字之義既明。而與下文行怪二字語勢亦相類。其說近是。蓋當時所傳本猶未誤。至鄭氏時乃失之耳。游氏所謂離人而立於獨。與夫未免有念之云。皆非儒者之語也。廣平游氏曰。遁世不見知而不悔者。疑慮不萌於心。確乎其不可拔也。非離人而立於獨者。不足以與此。若不遠復者。未免於有念也。

或問十二章之說。曰。道之用廣。而其體則微密而不可見。所謂費而隱也。即其近而言之。男女居室。人道之常。雖愚不肖亦能知而行之極其遠而言之則天下之大事物之多聖人亦容有不盡知盡能者也然非獨聖人有所不知不能也天能生覆（敷救反）而不能形載地能形載而不能生覆至於氣化流行則陰陽寒暑吉凶災祥不能盡得其正者尤多此所以雖以天地之大而人猶有憾也夫（音扶）自夫婦之愚不肖所能知行至於聖人天地之所不能盡道蓋無所不在也故君子之語道也其大至於天地聖人所不能盡而道無不包則天下莫能載矣其小至於愚夫愚婦之所能知能行而道無不體則天下莫能破矣道之在天下其用之廣如此可謂費矣

而其所用之體則不離去聲乎此而又非視聽之所及者此所以爲費而隱也子思之言至此極矣然猶以爲不足以盡其意也故又引詩以明之曰鳶飛戾天魚躍于淵所以言道之體用上下昭著而無所不在也造端乎夫婦極其近小而言之察乎天地極其遠大而言也蓋夫婦之際隱微之間尤見道不可離處知其造端乎此則其所以戒謹恐懼之實無不至矣易首乾坤而重咸恒胡登反詩首關雎而戒淫泆書記釐陵之反降禮謹大昏皆此意也朱子曰造端乎夫婦言至微至近處及其至也言極盡其量夫婦則情意密而易於陷溺不於此致謹則私欲行於玩狎之地自欺於人所不知之境人倫大法雖講於師友之前亦未保其不壞於幽

隱之處。倘知造端之重。隱微之際。戒慎恐懼。則是工夫從裏面做出。以之事父兄處朋友。皆易爲力而有功矣

○曰。諸說如何。曰。程子至矣。張子以聖人爲夷惠之徒。既已失之張子曰。聖人若夷惠之徒。亦未知君子之道。若知君子之道。亦不入於偏又曰。君子之道達諸天。故聖人有所不知。夫婦之智淆音淆混濁也諸物。故聖人有所不與。去聲則又析其不知不能而兩之。皆不可曉也。已。曰。諸家皆以夫婦之能知能行者爲道之費。聖人之所不知不能。而天地有憾者爲道之隱。其於文義協矣。若從程子之說。則使章內專言費而不及隱。恐其有未安也。曰。謂不知不能爲隱似矣。若天地有憾。鳶飛魚躍。察乎天地。而欲亦謂之隱。則恐未然。且隱

之爲言正以其非言語指陳之可及耳故獨舉費而隱常默具乎其中若於費外别有隱而可言則已不得爲隱矣程子之云又何疑邪潛室陳氏曰使所謂隱者而聖人不知不能則聖人亦不足貴矣謂小而莫能破者爲隱則小之爲義非奧妙之謂也謂之費而隱者費中有隱非費之外别有隱也

○曰然則程子所謂鳶飛魚躍子思喫緊爲人處緊居忍反與必有事焉而勿正心之意同活潑潑地者何也爲去聲

曰道之流行發見於天地之間無所不在在上則鳶之飛而戾于天者此也在下則魚之躍而出于淵者此也其在人則日用之間人倫之際夫婦之所知所能而聖人之所不知不能者亦此也此其流行發見於上下之

間者可謂著矣子思於此指而言之惟欲學者於此默而識之則為有以洞見道體之妙而無疑而程子以為子思喫緊為人處者正以示人之意為莫切於此也其曰與必有事焉而勿正心之意同活潑潑地則又以明道之體用流行發見充塞天地亘居鄧反古亘今雖未嘗有一毫之空去聲闕一息之間斷然其在人而見賢變反諸日用之間者則初不外乎此心故必此心之存而後有以自覺也必有事焉而勿正心活潑潑地亦曰此心之存而全體呈露妙用顯行無所滯礙牛代反云爾非必仰而視乎鳶之飛俯而觀乎魚之躍然後可以得之也程子

曰。鳶飛戾天。魚躍于淵。言其上下察也。此子思開示學者切要之語也。孟子曰。必有事焉而勿正心。其意亦猶是也。有得於此者。樂則生。生則烏可已也。無得於心者。役役於見聞知思爲機變之巧而已○朱子曰。必有事焉而勿正心者。乃指此心之存主處活潑潑地者。方是形容天理流行無所滯礙之妙。蓋以道之體用流行發見雖無間息。然在人而見諸日用者。初不外乎此心。故必此心之存。然後方見其全體呈露。妙用顯行。活潑潑地。畧無滯礙ㅏ。若見得破。則即此須臾之頃。此體便已洞然○蛟峯方氏曰。或問中舊說程子所引必有事焉與活潑潑地兩句。皆是指其實體而形容其流行發見無所滯礙倚著之意。其曰必。曰勿者。非有人以必之勿之。蓋謂有主張是者。而實未嘗有所爲耳。今說則謂必有事焉而勿正心者。乃指此心之存主處。直謂必此心之存。而後有以自覺。二說不同如何。曰。程子必有事焉。謂鳶魚之飛躍必有所以然者。必有存主處。勿正心。謂無勉強期必。非有心著意也。活潑潑地是指天理呈露處。此朱子舊說之意。就鳶魚上言。今說却就看鳶魚之人上言。謂就費視隱。必自存其心。則道理躍如矣。朱子謂只從這裏收一收。這箇便在。朱子兩說皆精。但前說恐人無下手處。故改從後說之實抑孟子此言固爲精密。然但爲去聲學者集義養氣而發耳。至於程子借以爲言。則又以發明學者洞見道體之妙。非但如孟子之意而已也。蓋此一言雖若二事。然其實則必有事焉半詞之間已盡其意。善用力者苟能於此超然默會。則道體之妙已躍如矣。何待下句而後足於言邪。聖賢特恐學者用力之過而反爲所累。故更以下句解之。欲其雖有所事而不爲所累耳。非謂必有事焉之外。又當別設此念以爲正心之防也。潛室陳氏曰。今做工夫人。心不曾放去。又多失於迫切。不做工夫人。心裏自在。又却都沒一事

曰。然則其所謂活潑潑地者。毋乃釋氏之遺意邪。曰。此

但俚音里俗之常談釋氏蓋嘗言之而吾亦言之耳彼固不得而專之也況吾之所言雖與彼同而所形容實與彼異若出於吾之所謂則夫音扶道之體用固無不在然鳶而必戾于天魚而必躍于淵是君君臣臣父父子子各止其所而不可亂也若如釋氏之云則鳶可以躍淵而魚可以戾天矣是安可同日而語哉問引君臣父子為言此吾儒之所以異於佛者如何朱子曰鳶飛魚躍只是言其發見耳釋亦言其發見但渠言發見却一切混亂至吾儒須辨其理分君臣父子皆定分也鳶必戾于天魚必躍于淵且子思以夫婦言之所以明人事之至近而天理在焉釋氏則舉此而絕之矣又安可同年而語哉〇曰呂氏以下如何曰呂氏分此以上

論中以下論庸。又謂費則常道。隱則至道。恐皆未安。藍田呂氏曰。此以上論中。此以下論庸。此章言常道之終始。費則常道。隱則至道。惟能盡常道。乃所以爲至道。謝氏既曰非是極其上下而言矣。又曰非指鳶魚而言。蓋曰子思之引此詩。姑借二物以明道體無所不在之實。非以是爲窮其上下之極。而形其無所不包之量去聲也。又非以是二物專爲形其無所不在之體。而欲學者之必觀乎此也。此其發明程子之意。蓋有非一時同門之士所得聞者。而又別以夫子與點之意明之。則其爲說益以精矣。但所謂察見天理者。恐非本文之訓。而於程子之意。亦未免小失之耳。上蔡謝氏曰。鳶飛戾天。魚躍于淵。非是極其上下而言。蓋眞箇見得如此。此正是子思喫緊道與人處。若從此解悟，便可入堯舜氣象。又曰：鳶飛戾天，魚躍于淵，無些私意。上下察，以明道體無所不在，非指鳶魚而言也。若指鳶魚言，則上面更有天，下面更有地，在知勿忘勿助長，則知此。知此，則知夫子與點之意。又曰：鳶飛戾天，魚躍于淵，猶韓愈所謂魚川泳而鳥雲飛，上下自然各得其所也。子思之意言上下察，猶孟子所謂必有事焉而勿正。察見天理，不用私意也。游氏之說，其不可曉者尤多。如以良知良能之所自出爲道之費，則良知良能者不得爲道，而在道之外矣。又以不可知不可能者爲道之隱，則所謂道者乃無用之長去聲物，而人亦無所賴於道矣。所引天地明察，似於彼此文意兩皆失之。至於所謂七聖皆迷之地，則莊生邪遁荒唐之語，尤非所以論中庸也。莊子徐無鬼篇：黃帝將見大隗乎具茨之山，方明爲御，昌寓驂乘，張若謵傳涉反一音習朋前馬昆閽滑稽後車滑音骨至于襄城之野。七聖皆迷。無所問途。七聖者。方明一。昌寓二。張若三。謵朋四。昆閽五。滑稽六。及黃帝也。此六名皆寓言。迷。謂迷失具茨之道○廣平游氏曰。唯費也。則良知良能所自出。故夫婦之愚不肖可以與知而能行焉。唯隱也。則非有思者所可知。非有為者所可能。故聖人有所不知不能焉。蓋聖人者。德之成而業之大也。過此以往則神矣。無方也。不可知無體也。不可能。此七聖皆迷之地也。孝經曰。事父孝故事天明。事母孝故事地察。蓋事父母之心雖夫婦之愚不肖亦與有焉。及其至也。天地明察神明彰矣。則雖聖人之德何以加此。此中庸所以為至矣

又楊氏以大而化之非智力所及為聖人不知不能。以祁寒暑雨雖天地不能易其節為道之不可能。而人所以有憾於天地則於文義既有所不通而又曰人雖有憾而道固自若則其失愈遠矣。其曰非體物而不遺者其孰能察之其用體字

察字之皆非經文之正意也。龜山楊氏曰。自可欲之善。至於充實光輝之大。致知力行之積也。大而化之。至於不可知之神。則非智力所及也。德盛仁熟而自至焉耳。故及其至也。聖人有所不知不能焉。○祁寒暑雨之變。其機自爾。雖天地之大。不能易其節也。夫道之不可能者如是。而人雖猶有憾焉道固自若也。又曰。鳶飛魚躍。非夫體物不遺者。其孰能察之 大抵此章若從諸家以聖人不知不能爲隱。則其爲說之弊。必至於此而後已。嘗試循其說而體驗之。若有以使人神識飛揚。眩音縣瞀茂務二音迷惑而無所厎止。厎音旨致也字上無點 子思之意其不出此也必矣。唯侯氏不知不能之說最爲明白。但所引聖而不可知者。孟子本謂人所不能測耳。非此文之意也。其他又有大不可曉者。亦不足深論也。新安陳氏曰。侯氏說已見章句但其

間本有又如聖而不可知之神之語蓋侯氏亦以此爲聖人所不知之事實則非也朱子於章句已刪去此語矣

或問十三章之説子以爲以人治人爲以彼人之道還治彼人善矣又謂責其所能知能行而引張子之説以實之則無乃流於姑息之論而所謂人之道者不得爲道之全也邪曰上章固言之矣夫婦之所能知能行者道也聖人之所不知不能而天地猶有憾者亦道也然自人而言則夫婦之所能知能行者人之所切於身而不可須臾離者也至於天地聖人所不能及則其求之當有漸次而或非日用之所急矣然則責人而先其切於身之不可離者後其有漸而不急者是乃行遠自邇升

高自卑之序。使其由是而不已焉。則人道之全亦將可以馴致。今必以是爲姑息而遽欲盡道以責於人。吾見其失先後之序。違緩急之宜。人之受責者將至於有所不堪。而道之無窮。則終非一人一日之所能盡也。是亦兩失之而已焉爾。○曰。子臣弟友之絕句何也。曰。夫子之意蓋曰我之所責乎子之事己者如此。而反求乎己之所以事父則未能如此也。所責乎臣之事己者如此。而反求乎己之所以事君則未能如此也。所責乎弟之事己者如此。而反求乎己之所以事兄則未能如此也。所責乎朋友之施己者如此。而反求乎己之所以先施於彼者則未能如此也。於是以其所以責彼者自責於庸言庸行之間。蓋不待求之於他，而吾之所以自脩之則具於此矣。今或不得其讀，而以父君兄之四字爲絶句，則於文意有所不通，而其義亦何所當（去聲）哉。（朱子曰：此處主意立文，與大學絜矩一章相似。人多誤讀。○黄氏曰：或以所求乎臣一句而有疑，非也。古人君臣字多通用。諸侯有土者多稱君，其下皆稱臣。凡卑之於尊，隸之於主，便有臣義。）○曰：諸說如何？曰：諸家說論語者多引此章以明一以貫之之義。說此章者又引論語以釋違道不遠之意。一矛（莫侯反。兵器，建於兵車，長二丈）一盾（食尹反。兵器，所以蔽身者），終不相謀，而牽合不置。學者蓋深病之。及深考乎程子之言，有所謂動以天者，然後知二者之爲忠恕，其跡雖同，而所以爲忠恕者，其心實異。非其知德之深，知言之至，其孰能判然如此而無疑哉？然盡己推己，乃忠恕之所以名，而正謂此章違道不遠之事。若動以天而一以貫之，則不待盡己而至誠者自無息，不待推己而萬物已各得其所矣。曾子之言，蓋指其不可名之妙，而借其可名之粗以明之，學者默識於言意之表，則亦足以互相發明，而不害其爲同也。餘說雖多，大槩放上聲此，推此意以觀之，則其爲得失自可見矣。程子

說詳見論語吾道一貫章集註。○朱子曰：論著忠恕名義，自合依子思忠恕違道不遠是也。曾子所說，却是移上一階，說天地之忠恕，其實只一箇忠恕，須自看教有許多等級分明。○慶源輔氏曰：違道不遠者，學者之忠

恕也。動以天者，聖人之忠恕也。曾子一貫之忠恕，雖借學者之事而言，其所以異者，只是動以天耳。所謂動以天耳者，蓋於己上已全盡了，不待推而自然及物也。如所謂以己及物，仁也。此則夫子之一貫，所謂動以天也。○陳氏曰：中庸說忠恕違道不遠，正是說學者之忠恕。曾子說夫子之道忠恕，乃是說聖人之忠恕。聖人忠恕是天道，學者忠恕是人道。違道不遠，如齊師違穀七里之違，非背音佩下同而去之之謂。愚固已言之矣。諸說於此多所未合，則不察文義而強上聲爲之說之過也。夫音扶下同齊師違穀七里，穀人不知，則非昔已在穀而今始去之也。蓋曰自此而去以至於穀纔七里耳。孟子所云夜氣不足以存，則其違禽獸不遠矣，非謂昔本禽獸而今始違之也。亦曰自此而去以入於禽獸不遠耳。蓋所謂道者，當然之理而已根於人心而見(賢遍反)諸行事不待勉而能也然雖盡己之心而推以及人可以得其當然之實而施無不當(去聲)不然則求之愈遠而愈不近矣此所以自是忠恕而往以至於道獨爲不遠其曰違者非背而去之之謂也程子又謂事上之道莫若忠待下之道莫若恕此則不可曉者若姑以所重言之則似亦不爲無理若究其極則忠之與恕初不相離(去聲)程子所謂要除一箇除不得而謝氏以爲猶形影者意可見矣(程子曰忠恕兩字要除一箇除不得○上蔡謝氏曰忠恕猶形影也無忠做恕不出來)今析爲二事而兩用之則是果有無恕之忠無忠之恕而所以事上接下者皆出於

強上聲為而不由乎中矣豈忠恕之謂哉是於程子他說殊不相似意其記録之或誤不然則一時有為去聲下為同言之而非正為忠恕發也朱子曰忠恕只是一件事不可作兩箇看○忠與恕不可相離一步○陳氏曰大槩忠恕只是一物就中截作兩片則為二物蓋存於中者既忠則發出外來便是恕應事接物處不恕則是在我者心不十分真實故發出忠的心便是恕的事做成恕的事便是忠的心張子二說皆深得之但虛者仁之原忠恕與仁俱生之語若未瑩縈定反耳張子曰所求乎君子之道四是實未能道何嘗有盡聖人人也人則有限是誠不能盡能也聖人之心則直欲盡道事則安能得盡如博施濟衆堯舜實病諸堯舜之心其施直欲至于無窮方為博施然安得若是脩己以安百姓是亦堯舜實病之欲得人人如此亦安得如此又曰虛者仁之原忠恕與人俱生禮義者仁之用呂氏改本太畧不盡經意舊本乃推張子之言

而詳實有味但柯猶在外以下爲未盡善。藍田呂氏曰。妙道精義常存乎君臣父子夫婦朋友之間不離乎交際酬酢應對之末皆人心之所同然未有不出於天者也若絕乎人倫外乎世務窮其所不可知議其所不可及則有天人之分內外之別非所謂大而無外一以貫之安在其爲道也歟執斧之柄而求柯於木其尺度之則固不遠矣然柯猶在外睨而視之始得其則若夫治己治人之道於己取之不必睨視之勞而自得於此矣故君子推是心也其治衆人也以衆人之所及知責其所知以衆人之所能行責其所行改而後止不厚望也其愛人也以忠恕之而已忠者誠有是心而不自欺恕者推待己之心以及人者也忠恕不可謂之道而道非忠恕不行此所以言違道不遠者其治己也以求乎人者反於吾身事父事君事兄先施之朋友皆衆人之所能盡人倫之至則雖聖人亦自謂未能此舜所以盡事親之道必至瞽瞍底豫者也庸者常道也事父孝事君忠事兄弟交朋友信庸德也必行而已有問有答有唱有和不越乎此者庸言也無易而已不足而不勉則德有止而不進有餘而盡之則道難繼而不行無是行也不敢苟言以自欺故言顧行有是言也不敢不行而自棄故行顧言若易之曰所謂則者猶在所執之柯而不在所伐之柯故執柯者必有睨視之勞而猶以爲遠也若夫以人治人則異於是蓋衆人之道止在衆人之身若以其所及知者責其知以其所能行者責其行人改即止不厚望焉則不必睨視之勞而所以治之之則不遠於彼而得之矣忠者誠有是心而不自欺也恕者推待己之心以及人也推其誠心以及於人則其所以愛人之道不遠於我而得之矣至於事父事君事兄交友皆以所求乎人責乎己之所未能則其所以治己之道亦不遠於心而得之矣夫四者固皆衆人

之所能而聖人乃自謂未能者亦曰未能如其所以責人者耳。此見聖人之心純亦不已而道之體用。其大天下莫能載其小天下莫能破。舜之所以盡事親之道必至乎瞽瞍厎豫者蓋爲去聲此也。如此然後屬音燭乎庸者常道之云。則庶乎其無病矣。且其曰有餘而盡之。則道難繼而不行。又不若游氏所引恥躬不逮爲得其文意也。廣平游氏曰。有所不足。不敢不勉。將以踐言也。則其行顧言矣。有餘不敢盡。恥躬之不逮也。則其言顧行矣謝氏侯氏所論論語之忠恕獨得程子之意。上蔡謝氏曰。以天地之理觀之。忠譬則流而不息。恕譬則萬物散殊。知此則可以知一貫之理矣。○河東侯氏曰。忠恕一也。性分不局。夫子聖人也。故不待推但程子所謂天地之不恕亦曰天地之化生生不窮。特以氣機闔（户臘反，閉也）闢（毗亦反，開也）有通有塞。故當其通也，天地變化，草木蕃（音煩）茂也，則有似於恕。當其塞也，天地閉而賢人隱，則有似於不恕耳。其曰不恕，非若人之閉於私欲而實有忮（支義反）害之心也。謝氏推明其說，乃謂天地之有不恕，乃因人而然，則其說有未究者。蓋若以爲人不致中，則天地有時而不位。人不致和，則萬物有時而不育。是謂天地之氣因人之不恕而有似於不恕則可。若曰天地因人之不恕而實有不恕之心，則是彼爲人者既以忮心失恕而自絶於天矣。爲天地者反效其所爲以自已其於（音烏）穆之命也，豈不誤哉。（上蔡謝氏）

曰。程子云天地變化草木蕃是天地之恕。天地閉賢人隱是天地之不恕。或言天地何故亦有不恕。曰。天地因人者也。若不因人。何故人能與天地爲一。故有意必固我。則與天地不相似　游氏之說其病尤多。至於道無物我之間。去聲而忠恕將以至於忘己忘物則爲己違道而猶未遠也是則老莊之遺意而遠人甚矣豈中庸之旨哉廣平游氏曰。夫道一以貫之。無物我之間。既曰忠恕則已違道矣然忠以盡己。則將以至忘己也。恕以盡物。則將以至忘物也。則善爲道者莫近焉。故雖違而不遠矣　楊氏又謂以人爲道則與道二而遠於道故戒人不可以爲道。如執柯以伐柯則與柯二。故睨而視之猶以爲遠。則其違經背理又有甚焉。使經而曰人而爲道則遠人。故君子不可以爲道則其說信矣。今經文如此。而其說乃如彼。旣於文義有所不通。而推其意。又將使道爲無用之物。人無入道之門。而聖人之教人。以爲道者。反爲誤人而有害於道。是安有此理哉。旣又曰自道言之則不可爲自求仁言之則忠恕者莫近焉。則已自知其有所不通。而復爲是說以救之。然終亦矛盾而無所合。是皆流於異端之說。不但毫釐陵之反之差而已也。龜山楊氏曰。仁者人也。合而言之。道也。道豈離人哉。人而爲道。與之二矣。道之所以遠。執柯以伐柯。與柯二矣。爲道之譬也。睨而視之。猶以爲遠。爲道而遠人之譬也。執柯以伐柯。其取譬可謂近矣。睨而視之。猶且以爲遠。況不能以近取譬乎。則其違道可知矣。故君子以人治人。改而止。以人治人。仁之也。改而止。不爲已甚也。蓋道一而已。仁是也。視天下無一物之非仁。則道其在是矣。然則道終不可爲乎。曰。自道言之則執柯伐柯猶以爲遠也。自求仁言之則唯忠恕莫近焉故又言之以示進爲之方庶乎學者可與入德矣侯氏固多疎闊其引顔子樂音洛道之說愚於論語已辨之矣至於四者未能之說獨以爲若止謂恕己以及人則是聖人將使天下皆無父子君臣矣此則諸家皆所不及河東侯氏曰爲道如言顔子樂道同又曰父子之仁天性也君臣之義也兄弟亦仁也朋友亦義也孔子自謂皆未能何也只謂恕己以及人則聖人將使天下皆無父子君臣乎蓋以責人之心責己則盡道也蓋近世果有不得其讀音豆而輒爲之說曰此君子以一己之難克而天下皆可恕之人也嗚呼此非所謂將使天下皆無父子君臣者乎侯氏之言於是乎驗矣此評橫浦張氏子韶之說

或問十四章之說曰此章文義無可疑者而張子所謂當

知無天下國家皆非之理者尤爲切至。張子曰。責己者當知無天下國家皆非之理。故學至於不非人。學之至也。呂氏說雖不免時有小失。然其大體則皆平正慤克角反實而有餘味也。藍田呂氏曰。達則兼善天下。得志則澤加於民。素富貴行乎富貴者也。不驕不淫不足以道之也。窮則獨善其身。不得志則脩身見於世。素貧賤行乎貧賤者也。不諂不懾不足以道之也。言忠信行篤敬。雖蠻貊之邦行矣。素夷狄行乎夷狄者也。文王內文明而外柔順。以蒙大難。箕子內難而能正其志。素患難行乎患難者也。愛人不親反其仁。治人不治反其智。此在上位所以不陵下也。彼以其富我以吾仁。彼以其爵我以吾義。吾何慊乎哉。此在下位所以不援上也。陵下不從則罪其下。援上不得則非其上。是所謂尤人者也。庸德之行。庸言之謹。居易者也。國有道不變塞焉。國無道至死不變。心逸日休。行其所無事。如子從父命無所往而不受。俟命者也。若夫行險以儌一旦之幸。得之則貪爲己力。不得則不能反躬。是所謂怨天者也。故君子正己而不求於人。如射而已。射之不中。由吾巧之不至也。

故失諸正鵠。者未有不反求諸身。如君子之治己。行有不得亦反求諸身則德之不進豈吾憂哉游氏說亦條暢而存亡得喪去聲窮通好醜之說尤善。廣平游氏曰素其位而行者。即其位而道行乎其中。若其素然也。舜之飯糗茹草若將終身。此非素貧賤而道行乎貧賤不能然也。及其爲天子被袗衣鼓琴若固有之。此非素富貴而道行乎富貴不能然也。飯糗袗衣其位雖不同。而此道之行一也。至於夷狄患難亦若此而已。道無不行。則無入而不自得矣。蓋道之在天下。不以易世而有存亡。故無古今。則君子之行道不以易地而有加損。故無得喪。至於在上位不陵下。知富貴之非泰也。在下位不援上。知貧賤之非約也。此惟正己而不求於人者能之。故能上不怨天下不尤人。蓋君子惟能循理。故居易以俟命。居易未必不得也。故窮通皆好。小人反是。故行險以徼幸。行險未必常得也。故窮通皆醜。學者要當篤信而已。但楊氏以反身而誠爲不願乎外。則本文之意初未及此。而詭遇得禽。亦非行險徼幸之謂也。龜山楊氏曰。君子居其位若固有之。無出位之思。素其位也。萬物皆備於我。反身而誠。樂莫大焉。何願乎外之有。故能素其位而行。無入而不自得也。居易以俟命。行其所無事也。行險以徼幸。不受命者也。詭遇而得禽者。蓋有焉。君子不爲也。射有似乎君子者。射以容節比於禮樂。爲善。内志正。外體直。然後持弓矢審固。持弓矢審固。然後可以言中。射而失正鵠者。未能審固也。如射者。豈他求哉。反而求諸吾身以正吾志而已。此君子居易之道也。世之行險以徼幸者。一有失焉。益思所以詭遇也。則異於是矣。

侯氏所辨常總默識自得之說甚當。去聲近世佛者妄以吾言傳音義與附同著其說而指意乖剌。郎葛反。戾也如此類者多矣。甚可笑也。僧總老嘗問一士人曰。論語云。默而識之。識是識箇甚。子思言君子無入而不自得。得是得箇甚。或者無以對。河東侯氏曰。是不識吾儒之道猶以吾儒語爲釋氏用。在吾儒爲不成説話。既曰默識與無入不自得。更理會甚識甚得之事。是不成説話也。今人見筆墨。須謂之筆墨。見人。須謂之人。不須問。默而識之。是默識也。聖人於道。猶是也。庸言之信。庸行之謹。

是自得也。豈可名爲所得所識之事也但侯氏所以自爲說者却有未善。若曰識者知其理之如此而已得者無所不足於吾心而已。則豈不明白眞實而足以服其心乎

或問十五章之說。曰。章首二句承上章而言道雖無所不在。而其進之則有序也。其下引詩與夫子之言乃指一事以明之。非以二句之義爲止於此也。諸說惟呂氏爲詳實。然亦不察此而反以章首二言發明引詩之意。則失之矣藍田呂氏曰。不得乎親。不可以爲人。不順乎親。不可以爲子。故君子之道莫大乎孝。孝之本莫大乎順父母。故仁人孝子欲順乎親。必先乎妻子不失其好。兄弟不失其和。室家宜之。妻孥樂之。致家道成。然後可以養父母之志而無違。行遠登高者。謂孝子莫大乎順其親者也。自邇自卑者。謂本乎妻子兄弟者也。故

身不行道不行於妻子文王刑于寡妻至于兄弟則治家之道必自妻子始

或問鬼神之說其詳奈何曰鬼神之義孔子所以告宰予者見賢遍反於祭義之篇其說已詳問宰我曰吾聞鬼神之名不知其所謂孔子曰氣也者神之盛也魄也者鬼之盛也又曰衆生必死死必歸土是之謂鬼骨肉斃于下陰爲野土其氣發揚于上爲昭明焄蒿悽愴此百物之精也神之著也或問引之朱子曰夫子荅宰我鬼神說甚好氣者神之盛也魄者鬼之盛也人死時魂氣歸于天精魄歸于地所以古人祭祀燎以求諸陽灌以求諸陰又問其氣發揚于上至神之著也何謂也曰人氣本騰上這下面盡則只管騰上去如火之煙這下面薪盡則煙只管騰上去○新安陳氏曰又一條釋昭明焄蒿悽愴已見本章章句下而鄭氏釋之亦已明矣其以口鼻之噓吸者爲魂耳目之精明者爲魄蓋指血氣之類以明之問陽魂爲神陰魄爲鬼祭義曰氣也者神之盛也而鄭氏曰氣噓吸出入者也耳目

之聰明爲魄。然則陰陽未可言鬼神。陰陽之靈乃鬼神
也。如何。朱子曰。魄者形之神。魂者氣之神。魂魄是形氣
之精英。謂之靈。故張子曰。二氣之良能。二氣即陰陽。而
良能是其靈處（）口鼻噓吸以氣言。目之精明以血言
也。耳之精明亦何故以血言。醫家以耳屬腎。精血盛則
聽聰。精血耗則耳聵矣。氣爲魂。血爲魄。○問眼體也。眼
之光爲魄。耳體也。何以爲耳之魄。曰能聽
者便是。如老人耳重目昏。便是魄漸要散。程子張子更
以陰陽造化爲說。則其意又廣而天地萬物之屈伸往來
皆在其中矣。蓋陽魂爲神。陰魄爲鬼。是以其在人也。陰陽
合則魄凝魂聚而有生。陰陽判則魂升爲神。魄降爲鬼。
易大傳去聲所謂精氣爲物。遊魂爲變。故知鬼神之情狀
者。正以明此。而書所謂徂叢胡反落者。亦以其升降爲言
耳。書舜典云。二十有八載。帝乃徂落。○朱子曰。周禮言
天曰神。地曰祇。人曰鬼。三者皆有神。而天獨曰神者。

以其常常流動不息故專以神言之若人亦自有神但在人身上則謂之神散則謂之鬼耳鬼是散而靜了更無形故曰往而不來又問子思只是舉神之著者而言何以不言鬼曰鬼是散而靜更無形故不必言神是發見此是鬼之神如人祖考氣散爲鬼矣子孫盡精神以格之則洋洋如在其上如在其左右豈非鬼之神耶魂者陽之神魄者鬼之神見淮南子註○天地陰陽之氣交合便成人氣便是魂精便是魄到得將死熱氣上出所謂魂升下體漸冷所謂魄降魂歸于天魄降于地而人死矣○陳氏曰鬼神之義甚博程子就陰陽二字發用之迹顯然可見者言之張子亦言二氣自然能如此大綱只是往來屈伸之謂耳○陰精陽氣聚而生物乃神之伸也而屬乎陽魂遊魄降散而爲變乃鬼之歸也而屬乎陰鬼神情狀大槩不過如此○但是魂之升上落是魄之降下○張氏存中曰禮記祭義篇之說朱子已及之易大傳即繫辭也或問所引已明此皆不重出

若又以其往來者言之則來者方伸而爲神往者既屈而爲鬼蓋二氣之分實一氣之運故陽主伸陰主屈而錯

綜子宋反以言亦各得其義焉。新安陳氏曰。錯綜以言即朱子神之神神之鬼一條。已載章句下學者熟玩而精察之。葉氏曰。學者先看天地二氣之屈伸若朝暮若寒暑若榮謝。大綱已明。却反驗之一身。自父母成育之始。及少長壯老之變。晝夜作息夢覺。熟體而精察之。無餘蘊矣。如謝氏所謂做題目入思議者。則庶乎有以識之矣。上蔡謝氏曰。這箇便是天地間妙用。須是將來做箇題目入思議始得。講說不濟事曰。諸說如何。曰。呂氏推本張子之說。尤為詳備。藍田呂氏曰。鬼神者二氣之往來爾。物感雖微。無不通於二氣。故人有是心雖自為隱微。心未嘗不動。動則固已感於氣矣。鬼神安有不見乎。其心之動。又必見於聲色舉動之間。乘間以知之。則感之著者也。但改本有所屈者不亡一句。乃形潰反原之意。張子他書亦有是說。張子曰。形聚為物。物潰反原。反原者。其遊魂為變歟。○藍田呂氏曰。往者屈也。來者伸也。所屈者不亡。所伸者無息。而程子數音朔辨其非。東見錄中所謂不必以既反之氣復爲方伸之氣者。其類可考也。程子曰。近取諸身。百理皆具。屈伸往來之義。只於鼻息之間見之。屈伸往來只是理。不必將既屈之氣復爲方伸之氣。生生之理自然不息。如復言七日來復。其間元不斷續。陽以復生。物極必返。其理須如此。有生便有死。有始便有終。○若謂既返之氣復將爲方伸之氣。必資於此。則殊與天地之化不相似。天地之化自然生生不窮。更何復資於既斃之形既反之氣以爲造化。近取諸身。其開闔往來見之鼻息。然不必須假吸復入以爲呼。氣則自然生。人氣之生。生於眞元。天地之氣亦自然生生不窮。至如海水因陽盛而涸。及陰盛而生。亦不是將已涸之氣却生水。自然能生。往來屈伸。只是理也。盛則便有衰。晝則便有夜。往則便有來。○格庵趙氏曰。屈伸往來者。其所以屈伸往來者。理也。往而屈者。其氣已散。來而伸者。其氣方生。生生之理自然不窮。若謂以既屈之氣復爲方伸之氣。則是天地間只有許多氣來來去去。其輪迴之說。而非理之本然也。謝氏說則善矣。但歸根之云。似亦微有反原之累耳。上蔡謝氏曰。動而不已。其神乎。滯而有迹。其鬼乎。往來不息。神也。摧仆歸根。鬼也。致生之故其鬼神。致死之故其鬼不神。何也。人以爲神則神。以爲不神則不神矣。知死而致生之。不智。知死而致死之不神。聖人所以神明之也。○或問死生之說如何。曰。人死時氣盡也。曰。有鬼神否。曰。余當時亦曾問明道先生。明道曰。待向你道無來。你怎生信得及。待向你道有來。你但去尋討看。此便是荅的語。又曰。橫渠說得來別。這箇便是天地間妙用。須是將來做箇題目入思議始得。講說不濟事。又問曰。沈魂滯魄影響底事如何。曰。須是自家看破始得。張亢郡君化去。嘗來附語。亢所知事皆能言之。亢一日方與道士圍棊。又自外來。道士將一把棊子。令將去問之。張不知數。便道不得。又如紫姑神不識字底。把著寫不得。推此可以見矣。曰。先王祭享鬼神則甚。曰。是他意思別。三日齋。五日戒。求諸陰陽四方上下。蓋是要集自家精神。所以假有廟必於萃與渙言之。雖然如是。以爲有亦不可。以爲無亦不可。這裏有妙理。於若有若無之間。須斷置得去始得。曰。如此說。却是鶻突也。曰。不是鶻突。自家要有便有。要無便無。始得。鬼神在虛空中。辟塞滿觸目皆是。爲他是天地間妙用。祖考精神。便是自家精神○朱子曰。歸根本老氏語。畢竟無歸。這箇何曾動。此性只是天地之性。當初亦不是自彼來而入此。亦不是自往而復歸。如月影在這盆水裏。除了這盆水。這影便無了。豈是這月飛上天去歸那月。又如這花落便無這花了。豈是歸去那裏。明年又復來生這枝上。游楊之說皆有不可曉者。廣平游氏曰。道無不在。鬼神具道之妙用也。其德固不盛歟。夫欲知鬼神之德者。反求諸其心而已。神將來舍。則是神之格思也。若正心以度之則乖矣。所謂不可度思也。正心度之猶不可。又況得而厎之乎。所謂不可射思也。不可度。故視不見聽不聞。不可射。故如在其上。如在其左右也。夫微之顯如此。以其誠之不可揜也。誠則物物皆彰矣。故不可揜。微之顯者其理也。誠之不可揜。以其德言也○龜山楊氏曰。鬼神之德誠而已。誠無幽明之間。故其不可揜如此。夫不誠則無物。所謂體物而不可遺者。尚何顯之有。知此其知鬼神矣。唯妙萬物而無不在一語近是。而以其他語考之。不知其於是理之實果何如也。龜山楊氏曰。鬼神體物而不可遺。蓋其妙萬物而無不在故也。

侯氏曰。鬼神形而下者。非誠也。鬼神之德。則誠也。按經文本贊鬼神之德之盛。如下文所云。而結之曰誠之不可揜如此。則是以爲鬼神之德所以盛者。蓋以其誠耳。非以誠自爲一物。而別爲鬼神之德也。今侯氏乃析鬼神與其德爲二物。而以形而上下言之。乍讀如可喜者。而細以經文事理求之。則失之遠矣。程子所謂只好隔壁聽者。其謂此類也夫。夫音扶。○河東侯氏曰。只是鬼神。非誠也。經不曰鬼神。而曰鬼神之爲德其盛矣乎。鬼神之德誠也。易曰形而上者謂之道。形而下者謂之器。鬼神亦器也。形而下者也。學者心得之可也。○問鬼神之德如何。朱子曰。此言鬼神實然之理。猶言人之德。不可道人自爲一物。其德自爲德。侯氏解鬼神之爲德。謂鬼神爲形而下者。鬼神之德爲形而上者。且如中庸之爲德。不成說中庸形而下者。中庸

之德爲形而上者○雙峯饒氏曰。鬼神之爲德與中庸之爲德語意一般。所謂德指鬼神而言也

曰。子之以幹事明體物何也。曰。天下之物莫非鬼神之所爲也。故鬼神爲物之體而物無不待是而有者。然曰爲物之體則物先乎氣。必曰體物。然後見其氣先乎物而言順耳。朱子曰。不是有此物時便有此鬼神。凡是有這鬼神了方有此物。及至有此物了。又不能違乎鬼神也。體物。將鬼神做主。將物做賓。方看得出。幹。猶木之有幹。必先有此而後枝葉有所附而生焉。貞之幹事亦猶是也

或問十七章之說。曰。程子張子呂氏之說備矣。程子曰。知天命是達天理也。必受命是得其應也。命者是天之付與。如命令之命。天之報應皆如影響。得其報者是常理也。不得其報者非常理也。然而細推之則須有報應。但人以淺狹之見求之。便爲差互。天命不可易也。然有可易者。惟有

德者能之。如脩養之引年，世祚之祈天永命，常人之至於聖賢，皆此道也。○張子曰：德不勝氣，性命於氣；德勝其氣，性命於德。窮理盡性，則性天德，命天德。氣之不可變者，獨死生脩夭而已。故論死生則曰有命，以言其氣也；語富貴則曰在天，以言其理也。此大德所以必受命。○藍田呂氏曰：天命之所屬，莫踰於大德。至於祿位名壽之皆極，則人事至矣，天命申矣。天之萬物，其所以爲吉凶之報，莫非因其所自取也。植之固者，加雨露之養，則其末必盛茂；植之不固者，震風凌雨，則其本先撥。至于人事，則得道者多助，失道者寡助，是皆因其材而篤焉，栽者培之、傾者覆之者也。古之君子，既有憲憲之令德，又有宜民宜人之大功，此宜受天祿矣。故天保佑之，申之以受天命，此大德所以必受命，是亦栽者培之之義與。又曰：命雖不易，惟至誠不息，亦足以移之，此大德所以必受命。

楊氏所辨孔子不受命之意，則亦程子所謂非常理者盡之，而侯氏所推以謂舜得其常而孔子不得其常者，尤明白也。龜山楊氏曰：孔子當衰周之時，猶木之生非其地也，雖其雨露之滋，而牛羊斧斤相尋於其上。則是濯濯然也。豈足怪哉。○河東侯氏曰。舜匹夫也。而有天下。此所謂必得者。先天而天弗違也。孔子亦匹夫也。亦德爲聖人也。而不得者。後天而奉天時也。必得者。理之常也。不得者。非常也。得其常者舜也。不得其常者。孔子也至於顔跖音隻。與孟子蹠之徒之蹠字通壽夭之不齊則亦不得其常而已。楊氏乃忘其所以論孔子之意。而更援老聃他談反之言以爲顔子雖夭而不亡者存。則反爲衍說而非吾儒之所宜言矣。且其所謂不亡者。果何物哉。若曰天命之性。則是古今聖愚公共之物。而非顔子所能專。若曰氣散而其精神魂魄猶有存者。則是物而不化之意。猶有滯於冥漠之間。尤非所以語顔子也。○龜山楊氏曰。顔跖之夭壽不齊何也。老子曰。死而不亡曰壽。顔雖夭。而不亡者猶在也。非夫知性知天者。其孰能識之侯氏所謂孔子不得其常者善矣。然又以天於孔子固已培之，則不免有自相矛盾處。蓋德爲聖人者，固孔子之所以爲栽者也。至於祿也，位也，壽也，則天之所當以培乎孔子者，而以適丁氣數之衰，是以雖欲培之而有所不能及爾。是亦所謂不得其常者，何假復爲異說以汩音骨之哉。河東侯氏曰：天之生物，必因其材而篤焉。栽者培之，傾者覆之，非謂如孔子者也。孔子德爲聖人，其名與祿壽孰禦焉，固以培之矣。孟子所謂天爵者也，何歎於人爵哉。

或問十八章十九章之說。曰：呂氏楊氏之說於禮之節文度數詳矣。其間有不同者，讀者詳之可也。藍田呂氏曰：期之喪達乎大夫者，期之喪有二，有正統之期，爲祖父母者也；有旁親之期，爲世父母、叔父母、衆子、昆弟、昆弟之子是也。正統之期雖天子諸侯莫降旁親之期天子諸侯絕服而大夫降所謂尊不同故或絕或降也大夫雖降猶服大功不如天子諸侯之絕服也如旁親之期亦爲大夫則大夫亦不降所謂尊同則服其親之服也諸侯雖絕服旁親尊同亦不降所不臣者猶服之如始封之君不臣諸父昆弟封君之子不臣諸父而臣昆弟是也三年之喪達乎天子者三年之喪爲父爲母適孫爲祖爲長子爲妻而已天子達乎庶人一也父在爲母及妻雖服期然本爲三年之喪但爲父爲夫屈者也故與齊衰期之餘喪異者有三服而加杖一也十一月而練十三月而祥十五月而禫二也夫必三年而後娶三也周穆后崩太子壽卒叔向曰王一歲而有三年之喪二焉則包后亦爲三年也○宗廟之禮所以序昭穆別人倫也親親之義也父爲昭子爲穆父親也親者邇則不可不別也祖爲昭孫亦爲昭祖爲穆孫亦爲穆祖尊也尊者遠則不嫌於無別也故孫可以爲王父尸子不可以爲父尸此昭穆之別於尸者也喪禮卒哭而祔男祔于皇祖考女祔于皇祖妣婦祔于皇祖姑喪服小記士大夫不得祔于諸侯祔于諸祖父之爲士大夫者亡則中一以上而祔祔必以其昭穆此昭穆之別於附者也有事於太

廟。子姓兄弟亦以昭穆別之。群昭群穆不失其倫。凡賜爵。昭與昭齒。穆與穆齒。此昭穆之別於宗者也。序爵者序諸侯。諸臣。與祭者之貴賤也。貴貴之義也。詩曰。相維辟公。天子穆穆。此諸侯之助祭者也。於穆清廟。肅雍顯相。濟濟多士。秉文之德。此諸臣之助祭者也。序事者。別賢與能而授之事也。尊賢之義也。孰可以為祭而詔相。孰可以為祝而祝嘏。孰可以祼贊獻。孰可以執籩豆。至于執爵洗盥莫不辨其賢能之大小而序之也。旅酧下為上者使賤者亦得申其敬也。下下之義也。若特牲饋食之禮。賓弟子兄弟弟子各舉觶於其長以行旅酧。於宗廟之中以有事為榮也。燕毛者。既祭而燕。則尚齒也。長長之義也。毛。髮色也。以髮色別長少而為之序也。祭則貴貴。貴貴則尚爵。燕則親親。親親則尚齒。其義一也。天下之大經。親親長長。貴貴尊賢而已。人君之至恩。下下而已。一祭之間。大經以正。至恩以宣。天下之事盡矣

○龜山楊氏曰。祭有昭穆。所以別父子遠近長幼親疏之序也。故有事于太廟。則群昭群穆咸在而不失其倫焉。此宗廟之禮所以序昭穆也。尸飲五。君洗玉爵獻卿。尸飲七。以瑤爵獻大夫。尸飲九。以散爵獻士及群有司。此序爵而尊卑有等所以辨貴賤也。玉帛交神明也。祼

鬯。求神於幽也。故天地不祼。則王幣尊於鬯也。故太宰贊之。鬯則大宗伯涖之。祼則又卑於鬯也。故小宰贊之。若此類。所謂序事也。先王量德授位。因能授職。此序事所以辨賢也。饋食之終。酳尸之獻。下待群有司更爲獻酳。此旅酬下爲上。所以逮賤也。既終而以燕毛爲序。所以序齒也。序昭穆。親親也。序爵貴貴也。序事尚德也。旅酬逮賤。燕毛序齒。尚恩也。敬親者不敢慢於人。況其所尊乎。愛親者不敢惡於人。況其所親乎。事死如事生。若餘閣之奠是也。事亡如事存。若齊必見其所祭者是也。

游氏引泰誓武成以爲文王未嘗稱王之證深有補於名教

廣平游氏曰。武王於泰誓三篇稱文王爲文考。至武成而柴望。然後稱文考爲文王。仍稱其祖爲大王王季。然則周公追王太王王季者。乃文王之德武王之志也。故曰成文武之德。不言文王者。武王既追王矣。武王既追王而不及太王王季。以其未受命而其序有未暇也。禮記大傳載牧野之奠。追王大王亶父王季歷文王昌。亦據武成之書以明追王之意出於武王也。世之說者。因中庸無追王文王之文。遂以爲文王自稱王。豈未嘗考泰誓武成之書乎。君臣之分。猶天尊地卑。

紂未可去，而文王稱王，是二天子也。服事商之道固如是耶。書所謂九年大統未集者，後世以虞芮質厥成爲文王受命之始故也。當六國時，秦固以長雄天下，而周之位號微微矣。辛垣衍欲帝秦，魯仲連以片言折之，行不敢復出口。蓋名分之嚴如此。故以曹操之英雄，逡巡於獻帝之末而不得逞，彼蓋知利害之實也。曾謂至德如文王，一言一動順帝之則，而反盜虛名而昧天理乎。且武王觀政于商而須暇之五年，非僞爲也。使紂一日有悛心，則武王當與天下共尊之，必無牧野之事。然則文王已稱之名，將安所歸乎。此天下之大戒，故不得不辨。

然歐陽蘇氏之書亦已有是說矣。歐陽氏曰：孔子曰三分天下有其二以服事商。使西伯不稱臣而稱王，安能服事於商乎。伯夷叔齊讓國而去，顧天下皆不可歸，往歸西伯。當是時，紂雖無道，天子在上，諸侯不稱臣而稱王，是僭叛之國也。彼二子者不非其父而非其子，此豈近於人情耶。由是言之，謂西伯稱王十年者，妄說也。泰誓稱十有一年，說者謂自文王受命九年及武王居喪三年幷數之。是以聽虞芮之訟謂之受命，以爲元年。古者人君即位必稱元年，西伯即位已改元矣，中間不宜改元而又改元。至武王即位宜改元而反不改元乃上冒先君之元年并其居喪稱十一年及其滅商而得天下其事大於聽訟遠矣又不改元由是言之謂西伯以受命之年爲元年者妄說也○格菴趙氏曰按眉山二蘇氏說與歐陽氏殊不同朱子所引未知何蘇氏也當考郊禘呂游不同然合而觀之亦表裏之說也藍田呂氏曰事上帝者所以立天下之大本道之所由出也祀乎其先者所以正天下之大經仁義之所由始也洋洋乎如在其上如在其左右雖隱微之間恐懼戒謹而不敢欺則所以養其誠心至矣蓋以爲不如是則不足以立身身且不立烏能治國家哉○廣平游氏曰祭祀之義非精義不足以究其說非體道不足以致其義蓋惟聖人爲能饗帝爲其盡人道而與帝同德孝子爲能饗親爲其盡子道而與親同心也仁孝之至通乎神明而神祇祖考安樂之則於郊社之禮禘嘗之義始可以言明矣夫如是則於爲天下國家也何有

○曰昭穆之昭世讀爲韶今從本字何也曰昭之爲言明也以其南面而向明也其讀爲韶先儒以爲晉避

諱而改之。晉避司馬昭諱然禮書亦有作佋與韶同音字者，則假借而通用耳。曰其爲向明何也。曰此不可以空言曉也。今且假設諸侯之廟以明之。蓋周禮建國之神位，左宗廟，則五廟皆在公宮之東南矣。其制則孫毓余六反以爲外爲都宮，太祖在北，二昭二穆以次而南是也。孫毓曰：宗廟之制，外爲都宮，內各有寢廟，別有門垣。太祖在北，左昭右穆，差次而南。蓋太祖之廟，始封之君居之。昭之北廟，二世之君居之。穆之北廟，三世之君居之。昭之南廟，四世之君居之。穆之南廟，五世之君居之。廟皆南向，各有門堂寢室，而墻宇四周焉。太祖之廟，百世不遷。自餘四廟，則六世之後，每一易世而一遷。其遷之也。新主祔于其班之南廟。南廟之主遷于北廟。北廟親盡則遷其主于太廟之西夾室。而謂之祧。音挑〇朱子曰。古者始祖之廟有夾室。凡祧主皆藏之於夾室凡廟主在本廟之室中皆東向。及其祫于太廟之室中。則惟太祖東向自如而爲最尊之位。群昭之入乎此者。皆列於北牖下而南向。群穆之入乎此者。皆列於南牖下而北向。南向者取其向明。故謂之昭。北向者取其深遠。故謂之穆。蓋群廟之列。則左爲昭而右爲穆。祫祭之位。祫音洽大合祭也則北爲昭而南爲穆也。曰。六世之後。二世之主既祧。則三世爲昭而四世爲穆五世爲昭而六世爲穆乎。曰。不然也。昭常爲昭。穆常爲穆禮家之説有明文矣蓋二世祧則四世遷昭之北廟六世祔音附昭之南廟矣三世祧則五世遷穆之北廟七世祔穆之南廟矣昭者祔則穆者不遷穆者祔則昭者不動朱子曰遷毀之序則昭常爲昭穆常爲穆蓋祔昭則群昭皆動而穆不移祔穆則群穆皆移而昭不動此所以祔必以班尸必以孫朱子曰儀禮所謂以其班祔檀弓所謂祔于祖父是也○古者立尸必隔一位孫可以爲祖尸子不可以爲父尸以昭穆不可亂也而子孫之列亦以爲序禮記祭統篇云夫祭之道孫爲王父尸王父乃祖也所使爲尸者於祭者子行也父北面而事之所以明子事父之道也行音杭若武王謂文王爲穆考成王稱武王爲昭考則自其始祔而已然而春秋傳去聲下同以管蔡郕霍爲文之昭邘音于晉應平聲韓爲武之穆則雖其既遠

而猶不易也。豈其交錯彼此若是之紛紛哉。格庵趙氏曰。后稷至文武十五六世。文王於廟次爲穆。故謂其子爲昭。管蔡郕霍者。文王之子也。武王於廟次爲昭。故謂其子爲穆。邘晉應韓者。武王之子也。曰。廟之始立也。二世昭而三世穆。四世昭而五世穆。則固當以左爲尊而右爲卑矣。今乃三世穆而四世昭。五世穆而六世昭。是則右反爲尊而左反爲卑矣。而可乎。曰。不然也。宗廟之制。但以左右爲昭穆而不以昭穆爲尊卑。故五廟同爲都宮。則昭常在左。穆常在右。而外有以不失其序。一世自爲一廟。則昭不見穆。穆不見昭。而内有以各全其尊。必大祫而會於一室。然後序其尊卑之次。則凡已毁未毁之主。又必陳而無所易。朱子曰。一昭一穆。固有定次。而其自相爲偶。亦不可易。但其散居本廟。各自爲主。而不相厭。則武王進居王季之位。而不嫌尊於文王。及其合食于祖。則王季雖遷。而武王自當與成王爲偶。未可以遽進而居王季之處也。唯四時之祫不陳毀廟之主。則高祖有時而在穆。其禮未有考焉。意或如此。則高之上無昭而特設位於祖之西。禰乃禮反之下無穆而特設位於曾之東也與。羊諸反

曰。然則毀廟云者何也。曰。春秋傳曰。壞音怪廟之道。易檐余廉反可也。改塗可也。說者以爲將納新主。示有所加耳。非盡徹而悉去上聲之也。朱子曰。改塗易檐。言不是盡除。只改其灰飾易其屋檐而已。○新安陳氏曰。所引春秋傳見穀梁文公二年

曰。然則天子之廟其制若何。曰。唐之文祖。虞之神宗。商之七世三宗。其詳今不可考。書舜

典云。受終于文祖。大禹謨云。受命于神宗。商書咸有一德云。七世之廟。可以觀德。○新安陳氏曰。三宗。謂太甲廟號太宗。太戊號中宗。武丁號高宗。是也。獨周制猶有可言。然而漢儒之記又已有不同矣。謂后稷始封。文武受命而王。去聲故三廟不毀。與親廟四而七者。諸儒之說也。朱子曰。韋元成等書。謂王者始受命諸侯始封之君。皆爲太祖。以下五世而迭毀。毀廟之主。藏於太祖。周之所以七廟者。以后稷始封。文武受命。三廟不毀。與親廟四而已。謂三昭三穆與太祖之廟而七。文武爲宗不在數中者。劉歆虛今反之說也。朱子曰。歆謂七者。其正法數可常數者。宗不在此數中。宗變也。苟有功德則宗之。不可預爲設數。故於殷有三宗。周公舉之以告成王。由是言之。宗無數也。雖其數之不同。然其位置遷次宜亦與諸侯之廟無甚異者。但如諸儒之說。則武王初有天下之時。后稷爲太祖。而組紺（音祖。紺古暗反）居昭之北廟。太王居穆之北廟。王季居昭之南廟。文王居穆之南廟。猶爲五廟而已。至成王時。則組紺祧。王季遷。而武王祔。至康王時。則太王祧。文王遷。而成王祔。至昭王時。則王季祧。武王遷。而康王祔。自此以上（上聲）亦皆且爲五廟。而祧者藏于太祖之廟。至穆王時。則文王親盡當祧。而以有功當宗。故别立一廟於西北而謂之文世室。於是成王遷。昭王祔。而爲六廟矣。至共（音恭）王時。則武王親盡當祧。而亦以有功當宗。故别立一廟於東北。謂之武世室。於是康王遷。穆王祔。而爲七廟矣。自是之後。則穆之祧者藏於文世室。昭之祧者藏於武世室而不復藏於太廟矣。如劉歆之説則周自武王克商即增立二廟於二昭二穆之上。以祀高圉音語亞圉。如前遞遷至于懿王而始立文世室於三穆之上。至孝王時始立武世室於三昭之上。此爲少不同耳。格庵趙氏曰。父昭子穆而有常數者。禮也。祖功宗德而無定法者。義也。周於三昭三穆之外而有文武之廟。觀春秋傳稱襄王致文武胙於齊侯。史記稱顯王致文武胙於秦孝公。方是時文武固已遠矣。襄王顯王猶且祀之。則其廟不毀可知矣曰。然則諸儒與劉歆之説孰爲是。曰。前代説者多是劉歆。愚亦意其或然也。朱子曰。歆説得較是。他謂宗不在七廟中者。恐有功德者多。則占了那七廟數也。○格庵趙氏曰。若從諸儒之説。則王者不過立親廟四。與太祖爲五。其與諸侯五廟又何别乎。商書已云七世之廟可以觀德。則自昔有七廟矣。故朱子以歆説爲是曰。祖功宗德之說尚矣。而程子獨以爲如此。則是爲子孫者得擇其先祖而祭之也。子亦嘗考之乎。曰。商之三宗。周之世室。見(賢遍反)於經典。皆有明文。而功德有無之實。天下後世自有公論。若必以此爲嫌。則秦政之惡(去聲)夫(音扶)子議父。臣議君。而除謚法者。不爲過矣。(朱子曰。商之三宗。若不是別立廟。只是親廟時。何不胡亂將三箇來立。如何恰曰取太甲太戊高宗爲之。那箇祖有功。宗有德。天下後世自有公論。不以揀擇爲嫌。所謂名之曰幽厲。雖孝子慈孫百世不能改。那箇好底自是合當祭祀。如何毀得。)且程子晚年嘗論本朝(音潮)廟制。亦謂太祖太宗皆當爲百世不遷之廟。以此而推。則知前說若非記者之誤。則或出於一時之言。而未必其終身之定論也。(程子曰。祖有功。宗有德。文武之廟永不祧)

也。所祧者文武以下廟。如本朝太祖太宗皆萬世不祧之廟。河東閩浙皆太宗取之。無可祧之理也。曰然。則大夫士之制柰何。曰。大夫三廟則視諸侯而殺色界反下同其二。然其太祖昭穆之位猶諸侯也。適音的士二廟則視大夫而殺其一。官師一廟則視大夫而殺其二。然其門堂寢室之備猶大夫也。曰。廟之爲數降殺以兩。而其制不降何也。曰。降也。天子之山節藻梲複音福廟重平聲檐與簷同諸侯固有所不得爲者矣。諸侯之黝於九反堊音惡斲竹角反礱。大夫有不得爲者矣。大夫之倉楹音盈斲桷。音角椽方曰桷士又不得爲矣。曷爲而不降哉。格庵趙氏曰。山節。謂欂櫨刻爲山形。即今之斗栱。藻梲者。謂侏儒柱畫爲藻文。梁上短柱也。複廟者。上下重屋也。重檐。重承壁材也。謂就外檐下壁復安

板檐。以辟風雨之洒壁○黝。黑也。堊。白也。地謂之黝。墻謂之堊。斲。削也。礱。磨也○倉楹者蒼其柱也。斲桷者磨其榱也
獨門堂寢室之合。然後可名於宮。則其制有不得而殺耳。蓋由命士以上（上聲）父子皆異宮。生也異宮。而死不得異廟則有不得盡其事生事存之心者。是以不得而降也。曰。然則後世公私之廟皆爲同堂異室。而以西爲上者何也。曰。由漢明帝始也。夫（音扶）漢之爲禮略矣。然其始也。諸帝之廟皆自營之。各爲一處。雖其都宮之制昭穆之位。不復如古。然猶不失其獨專一廟之尊也。至於明帝不知禮義之正。而務爲抑損之私。遺詔藏主於光烈皇后更（平聲）衣別室。而其臣子不敢有加焉。魏晉循

之遂不能革。而先王宗廟之禮始盡廢矣。降及近世諸侯無國。大夫無邑。則雖同堂異室之制。尤不能備。獨天子之尊可以無所不致顧乃梏姑沃反於漢明非禮之禮而不得以致其備物之孝。蓋其别爲一室。則深廣之度或不足以陳鼎俎。而其合爲一廟。則所以尊其太祖者旣褻而不嚴。所以事其親廟者又厭於甲反而不尊。是皆無以盡其事生事存之心。而當世宗廟之禮亦爲虛文矣。朱子曰。更歷魏晉。下及隋唐。其間非無奉先思孝之君。据經守禮之臣。而皆不能有所裁正其弊。至使太祖之位下同孫祖。而更僻處於一隅。旣無以見其爲七廟之尊。群廟之臣則又上厭祖考。而不得自爲一廟之主。以人情而論之。則生居九重。窮極壯麗。而沒祭一室不過尋丈之間。甚或無地以容鼎俎。而陰損其數。子孫

(之心。宜亦有所不安哉)宗廟之禮既爲虛文。而事生事存之心有終不能自已者。於是原廟之儀不得不盛。然亦至于我朝(音潮下同)而後都宮別殿前門後寢始略如古者宗廟之制。是其沿襲(音習)之變。不唯窮鄉賤士有不得聞。而自南渡之後。故都淪沒。權宜草創。無復舊章。則雖朝廷之上。禮官博士。老師宿儒。亦莫有能知其原者。幸而或有一二知經學古之人。乃能私議而竊嘆之。然於前世則徒知譏孝惠之飾非責叔孫通之舞禮。而於孝明之亂命與其臣子之苟從。則未有正其罪者。(前漢書。叔孫通傳。孝惠即位。惠帝乃高帝子也。乃謂通曰。先帝園陵寢廟。群臣莫習。徙通爲奉常。定宗廟儀法。又稍定漢諸儀法。皆通所論著也。惠帝爲東朝長樂宮。及間往數蹕煩民。作複道。方築武庫南。通奏事因請間。曰。陛下何自築複道高寢。衣冠月出遊高廟。子孫奈何乘宗廟道上行哉。惠帝懼。曰。急壞之。通曰。人主無過舉。今已作。百姓皆知之矣。願陛下爲原廟渭北。衣冠月出遊之。益廣宗廟大孝之本。上乃詔有司立原廟〇後漢書明帝紀。十八年秋八月壬子。帝崩於東宮前殿。年四十八。遺詔無起寢廟。藏主於光烈皇后更衣別室。掃地而祭。杅水脯糒而已。過百日。唯四時設奠。置吏卒數人。供給洒掃。勿開修道。敢有所興作者。以擅議宗廟法從事前書曰。擅議宗廟者。棄市於今之世。則又徒知論其惑異端徇流俗之爲陋。而不知本其事生事存之心有不得伸於宗廟者。是以不能不自致於此也。朱子曰。不起寢廟。明帝固不得爲無失。然使章帝有魏顆之孝。其群臣有宋仲幾楚子囊之忠。則於此別有處矣。況以一時之亂命而壞千古之彝制。其事體之輕重。又非如三子者之所正者而已耶。又曰。如李氏所謂畧于七廟之室。而爲祠於佛老之側。不爲木主而爲之象。不爲禘祫烝嘗之祀而行一酌奠之禮。楊氏所謂舍二帝三王之正禮。而從一繆妄之叔孫通者。其言皆是也。然不知其所以致此。則由於宗廟不立。而人心有所不安也。不議復此而徒欲廢彼。亦安得爲至當之論哉抑嘗觀於陸佃之譏。而知神祖之嘗有意於此。然而考於史籍。則未見其有紀焉。若曰未及營表。故不得書。則後日之秉史筆者即前日承詔討論之臣也。所宜深探遺旨。特書總序。以昭示來世。而略無一詞以及之。豈天未欲使斯人者復見二帝三王之盛。故尼女一反止也其事而嗇音色正作嗇其傳耶。嗚呼。惜哉。朱子曰。神祖慨然深詔儒臣討論舊典。蓋將以遠迹三代之隆。一正千古之繆。不幸未及營表。世莫得聞。秉筆之士又復不能特書其事以詔萬世。今獨其見於陸氏之文者爲可考爾然陸氏所定昭穆之次。又與前說不同。朱子曰。佃謂昭穆者父子之號。昭以明下爲義。穆以恭上爲義。方其爲父則稱昭。取其昭以明下也。方其爲子則稱穆。取其穆以恭上也。豈可膠哉。殊不知昭穆本以廟之居東居西。主之向南向北而得名。初不爲父子之號也。必曰父子之號。則穆之子又安可復爲昭哉。且必如佃說新死者必入穆廟。而自其父以上穆遷於昭。昭遷於穆。祔一神而六廟皆爲之動。則其祔也又何不直祔於父。而必隔越一世以祔于其所未應入之廟乎而張琥音虎之議庶幾近之朱子曰。琥謂四時常祀。各於其廟。不偶坐而相臨。故武王進居王季之位。而不嫌尊於文王。及合食乎祖則王季文王更爲昭穆。不可謂無尊卑之序讀者更詳考之。則當知所擇矣

或問二十章蒲盧之說。何以廢舊說而從沈氏也。曰。蒲盧之爲果蠃。魯果反。果蠃。細腰蜂也他無所考。且於上下文義亦不甚通。惟沈氏之說。乃與地道敏樹之云者相應。故不得而不從耳。曰。沈說固爲善矣。然夏小正十月玄雉入于

淮爲蜃時忍反大蛤也而其傳去聲下同曰蜃者蒲盧也則似亦以蒲盧爲變化之意而舊說未爲無所據也曰此亦彼書之傳文耳其他蓋多穿鑿不足據信疑亦出於後世迂儒之筆或反取諸此而附合之決非孔子所見夏時之本文也且又以蜃爲蒲盧則不應二物而一名若以蒲盧爲變化則又不必解爲果蠃矣況此等瑣碎既非大義所繫又無明文可證則姑闕之其亦可也何必詳考而深辨之邪○曰達道達德有三知三行之不同而其致則一何也曰此氣質之異而性則同也生而知者生而神靈不待教而於此無不知也安而行者安於義理

不待習而於此無所咈（音拂）也。此人之禀氣清明，賦質純粹，天理渾然，無所虧喪（去聲）者也。學而知者，有所不知，則學以知之。雖非生知，而不待困也。利而行者，眞知其利而必行之。雖有未安，而不待勉也。此得清之多而未能無蔽，得粹之多而未能無雜，天理小失而能亟反之者也。困而知者，生而不明，學而未達，困心衡（與横同）慮而後知之者也。勉強而行者，不獲所安，未知其利，勉力強矯而行之者也。此則昏蔽駁（音剥）雜，天理幾（平聲）亡，久而後能反之者也。此三等者，其氣質之禀亦不同矣。然其性之本則善而已。故及其知之而成功也，則其所知所至無少異焉亦復其初而已矣曰張子呂楊侯氏皆以生知安行為仁學知利行為知（去聲下文則知為知非知明知語知並同）困知勉行為勇其說善矣子之不從何也曰安行可以為仁矣然生而知之則知之大而非仁之屬也利行可以為知矣然學而知之則知之次而非知之大也且上文三者之目固有次序而篇首諸章以舜明知以回明仁以子路明勇其語知也不畀矣夫（音扶）豈專以學知利行者為足以當之乎故今以其分（去聲）而言則三知為智三行為仁所以勉而不息以至於知之成功之一為勇以其等而言則以生知安行者主於知而為智學知利行者主

於行而爲仁，困知勉行者主於強而爲勇。又通三近而言，則又以三知爲智，三行爲仁，而三近爲勇之次，則亦庶乎其曲盡也歟。○曰：九經之説奈何？曰：不一其內，則無以制其外；不齊其外，則無以養其內。靜而不存，則無以立其本；動而不察，則無以勝其私。故齊明盛服，非禮不動，則內外交養，而動靜不違，所以爲脩身之要也。西山眞氏曰：齊戒明潔以正其心，盛服儼然以正其容。心正則容正，故曰一其內所以正其外；容正則心亦正，故曰齊於外所以養其中。此內外交致其功也。靜者未應物之時，動者應物之際。靜而存養，則有以全天理之本然；動而省察，則有以防人欲於將然。動靜兼用其力也。然蔽以一言，曰敬而已。內外動靜無不敬，身安得不脩乎？信讒邪，則任賢不專；徇貨色，則好去聲賢不篤。賈捐之所謂後宮盛色則賢者隱微，佞人用事則諍臣杜口。蓋持衡之勢此重則彼輕，理固然矣。前漢賈捐之傳。捐之字君房，賈誼之曾孫也。元帝初元元年，珠崖又反，發兵擊之。珠崖在南方海中洲居。詔問捐之，捐之對其畧曰：至孝文皇帝閔中國未安，偃武行文，逸遊之樂絕，奇麗之賂塞，鄭衛之倡微矣。夫後宮盛色，則賢者隱蔽，佞臣用事，則諍臣杜口。而元帝不行。故去讒遠色，賤貨而一於貴德，所以爲勸賢之道也。三山陳氏曰：有好賢之心，而爲讒諂之人、貨色之欲奪之，則好賢之心衰，而賢者去矣。故必去讒遠色、賤貨而惟德之爲貴，然後賢者肯爲我留也。親之欲其貴，愛之欲其富，兄弟婚姻欲其無相遠，故尊位重祿，同其好惡，所以爲勸親親之道也。大臣不親細事，則以道事君者得以自盡，故官屬衆盛，足任使令，令平聲。所以爲勸大臣之道也。三山陳氏曰：庶官無曠，則大臣得以總其凡於上。而以道佐人主。若官少不足以備任使。則大臣將親細務而不暇於佐主矣盡其誠而恤其私。則士無仰事俯育之累而樂音洛趨事功。故忠信重祿。所以爲勸士之道也。三山陳氏曰。士者百官之總稱。待之以不誠。則士不肯盡其心。仕有時而爲貧。使仰事俯育之不給。則士之不肯盡其力。此勸之之道所以既先忠信而又當重祿也。○格菴趙氏曰。苟無忠信。而謂爵祿足以驕士。則士有守死而不食其祿者。所得不過庸士耳人情莫不欲逸。亦莫不欲富。故時使薄斂。所以爲勸百姓之道也。三山陳氏曰。使民以時。而薄其歲斂。則民有餘力餘財。而樂於勸功矣。○新安陳氏曰。時使。不盡人之力。薄斂。不盡人之財日省月試以程其能。既稟稱事以償其勞。則不信度作淫巧者無所容。惰者勉而能者勸矣。爲去聲之授節以送其往。待以委去聲積子賜反以迎其來。因能授任以嘉其善。不强上聲其所不欲。以矜其不能。則天下之旅皆悦而願出於其塗矣。朱子曰。因能授任以嘉其善。謂願留於其國者也。無後者續之。已滅者封之。西山眞氏曰。繼絶。如周武王立夏殷後。興滅。如齊桓公封衛。治其亂使上下相安。持其危使大小相恤。朝聘有節而不勞其力。貢賜有度而不匱求位反乏也其財。貢謂下貢上。賜謂上賜下。則天下諸侯皆竭其忠力以蕃方煩反亦作藩屏也屏必郢反衛王室而無倍音佩畔之心矣。凡此九經其事不同。然總其實不出乎脩身尊賢親親三者而已。敬大臣。體群臣。則自尊賢之等而推之也。子庶民。來百工。柔遠人。懷諸侯。則自親親之殺而推之也。至於所以尊賢而親親。則又豈無所自而推之哉。亦曰脩身之至。然後有以各當去聲其理而無所悖耳。曰。親親而不言任之以事者何也。曰。此親親尊賢並行不悖之道也。苟以親親之故。不問賢否而輕屬音燭任之。不幸而或不勝平聲焉。治之則傷恩。不治則廢法。是以富之貴之。親之厚之。而不曰任之以事。是乃所以親愛而保全之也。若親而賢。則自當置之大臣之位而尊之敬之矣。豈但富貴之而已哉。觀於管蔡監古銜反商而周公不免於有過。及其致辟毗亦反之後。則惟康叔聃他談反。季相與夾輔王室。而五叔者有土而無官焉。則聖人之意亦可見矣。書蔡仲之命篇云。乃致辟管叔于商。○左傳定公四年。武王之毋弟八人。周公爲太宰，康叔爲司寇，聃季爲司空，五叔無官，豈尚年哉。五叔，謂管叔鮮、蔡叔度、成叔武、霍叔處、毛叔聃也。曰：子謂信任大臣而無以間去聲之，故臨事而不眩，使大臣而賢也則可。其或不幸而有趙高、朱异音異、虞世基、李林甫之徒焉。史記：趙高，秦始皇時人。二世時官至丞相，恃恩專恣，以私怨殺人，指鹿爲馬。殺二世望夷宮，子嬰殺之。○南史：朱异，字彥和，梁武帝時官至中領軍，貪財冒賄，欺罔視聽，茂弄朝權，輕作威福。死，贈尚書左僕射。○隋書：虞世基，字茂世，隋煬帝朝官至金紫光祿大夫，叅掌朝政，鬻官賣獄，賄賂公行。宇文化及弒逆，世基亦見害。○唐書：李林甫，唐玄宗朝官至中書令，封晉國公。性陰密，忍誅殺，排搆大臣，蕩覆天下。固寵市權，蔽欺天子耳目。死，賜太尉、揚州大都督。則鄒陽所謂偏聽生姦，獨任成亂；范雎許規反所謂妬都故反賢嫉音疾能，御下蔽上，以成其私，而主不覺悟者，亦安得而不慮邪。史記鄒陽傳：鄒陽者齊人也。游於梁。以讒見禽。乃從獄中上書。其略曰。百里奚乞食於路。繆公委之以政。甯戚飯牛車下。而桓公任之以國。此二人者。豈借宦於朝。假譽於左右。然後二主用之哉。感於心。合於行。親於膠漆。昆弟不能離。豈惑於衆口哉。故偏聽生姦。獨任成亂。○范雎傳。范雎。魏人也。秦昭王號爲應侯。說秦昭王曰。且夫三代所以亡國者。君專授政。縱酒馳騁弋獵。不聽政事。其所授者妬賢嫉能。御下蔽上。以成其私。不爲主計。而主不悟。故失其位國

曰。不然也。彼其所以至此。正坐去聲不知九經之義而然耳。使其明於此義。而能以脩身爲本。則固視明聽聰而不可欺以賢否矣。能以尊賢爲先。則其所置以爲大臣者。必不雜以如是之人矣。不幸而或失之。則亦亟求其人以易之而已。豈有知其必能爲姦以敗國。顧猶置之大臣之位。使之姑以奉行文書爲職業。而又恃小臣

之察以防之哉。夫音扶下同勞於求賢。而逸於得人。任則不疑。而疑則不任。此古之聖君賢相去聲所以誠意交孚兩盡其道。而有以共成正大光明之業也。如其不然。吾恐上之所以猜倉才反疑也防畏備者愈密。而其爲眩愈甚。下之所以欺罔蒙蔽者愈巧。而其爲害愈深。不幸而臣之姦遂。則其禍固有不可勝平聲言者。幸而主之威勝。則夫所謂偏聽獨任。御下蔽上之姦。將不在於大臣而移於左右。其爲國家之禍。尤有不可勝言者矣。嗚呼。危哉。曰。子何以言柔遠人之爲無忘賓旅也。曰。以其列於懷諸侯之上也。舊說以爲蕃方煩反國之諸侯。則以遠先近而非其序書言柔遠能邇而又言蠻夷率服則所謂柔遠亦不止謂服四夷也況愚所謂授節委積者比毗至反長上聲遺維季反人懷方氏之官掌之於經有明文耶周禮比長各掌其比之治五家相受相和親從于國中及郊則從而授之若徙于他則為之旌節而行之○遺人掌邦之委積以待施惠施去聲郊里之委積以待賓客野鄙之委積以待羈旅凡賓客會同師役掌其道路之委積凡國野之道十里有廬廬有飲食三十里有宿宿有路室路室有委五十里有市市有候館候館有積○懷方氏掌來遠方之民致方貢致遠物而送逆之達之以節治其委積館舍飲食○曰楊氏之說有虛器之云者二而其指意所出若有不同者焉何也曰固也是其前段主於誠意故以為有法度而無誠意則法度為虛器正言以發之也其後段主於格物故以為若但

知誠意而不知治天下國家之道則是直以先王之典章文物爲虛器而不之講反語以詰喫吉反之也此其不同審矣但其下文所引明道先生之言則又若主於誠意而與前段相應其於本段上文之意則雖亦可以宛轉而說合之然終不免於迂回而難通也豈記者之誤邪然楊氏他書首尾衡讀如橫決亦多有類此者殊不可曉也龜山楊氏曰天下國家之大不誠未有能動者也雖法度彰明無誠心以行之皆虛器也○九經行之者一一者何誠而已然而非格物致知烏足以知其道哉若謂意誠便足以平天下則先王之典章文物皆虛器也故明道先生嘗謂有關雎麟趾之意然後可以行周官之法度正謂此耳○曰所謂前定何也曰先立乎誠也先立乎誠則言有物而不躓音致

矣。事有實而不困矣。行有常而不疚矣。道有本而不窮矣。諸說惟游氏誠定之云得其要。張子以精義入神爲言。是則所謂明善者也。（廣平游氏曰。惟至誠爲能定。惟前定爲能變。故以言則必行。以事則必成。以行則無悔。以道則無方。誠定之效如此。○張子曰。事豫則立。必有教以先之。盡教之善。必精義以研之。精義入神。然後立斯立。動斯和矣。）

○曰。在下獲上明善誠身之說奈何。曰。夫（音扶）在下位而不獲乎上。則無以安其位而行其志。故民不可治。然欲獲乎上。又不可以諛（音臾）說（音悅）取容也。其道在信乎友而已。蓋不信乎友。則志行（去聲）不孚而名譽不聞。故上不見知。然欲信乎友。又不可以便（平聲）佞苟合也。其道在悅乎親而已。蓋不悅乎親。則所厚者薄而無所不薄。故交不見信。然欲順乎親。又不可以阿意曲從也。其道在誠乎身而已。蓋反身不誠。則外有事親之禮。而內無愛敬之實。故親不見悅。然欲誠乎身。又不可以襲取強〔上聲〕爲也。其道在明乎善而已。蓋不能格物致知以眞知至善之所在。則好〔去聲，下如好同〕善必不能如好好色。惡〔去聲，下如惡同〕惡必不能如惡惡臭。雖欲勉焉以誠其身而身不可得而誠矣。此必然之理也。故夫子言此。而其下文即以天道人道擇善固執者繼之。蓋擇善所以明善。固執所以誠身。擇之之明。則大學所謂物格而知至也。執之之固。則大學所謂意誠而心正身脩也。知至則反諸身者將無一毫之不實意誠心正而身脩則順親信友獲上治民將無所施而不利而達道達德九經凡事亦一以貫之而無遺矣。慶源輔氏曰。始則大學之次序。終則中庸之極功。

曰。諸說如何。曰。此章之說雖多然亦無大得失惟楊氏反身之說爲未安耳。蓋反身而誠者物格知至而反之於身則所明之善無不實有如前所謂如惡惡臭如好好色者而其所行自無內外隱顯之殊耳。若知有未至則反之而不誠者多矣。安得直謂但能反求諸身則不待求之於外而萬物之理皆備於我而無不誠哉。況格物之功正在即事即物而各求其理。今乃反欲離去聲去事物而專務求之於身，尤非大學之本意矣。龜山楊氏曰：反身者，反求諸身也。蓋萬物皆備於我，非自外得，反諸身而已。反身而至於誠，則利仁者不足道也。曰：誠之爲義，其詳可得而聞乎？曰：難言也。姑以其名義言之，則眞實無妄之云也。若事理之得此名，則亦隨其所指之大小而皆有取乎眞實無妄之意耳。蓋以自然之理言之，則天地之間惟天理爲至實而無妄，故天理得誠之名，若所謂天之道、鬼神之德是也。以德言之，則有生之類惟聖人之心爲至實而無妄，故聖人得誠之名，若所謂不勉而中去聲、不思而得者是也。至於隨事而言，則一念之實亦誠也，一言之實亦誠也，一行去聲之實亦誠也。

是其大小雖有不同。然其義之所歸則未始不在於實也。曰。然則天理聖人之所以若是其實者何也。曰。一則純。二則雜。純則誠。雜則妄。此常物之大情也。陳氏曰。凡物一色謂之純。夫音扶下同天之所以爲天也。沖漠無眹直忍反而萬理兼該無所不具。然其爲體則一而已矣。未始有物以雜之也。是以無聲無臭無思無爲而一元之氣。春秋冬夏。晝夜昏明。百千萬年未嘗有一息之繆。靡幼反天下之物。洪纖巨細。飛潛動植。亦莫不各得其性命之正以生。而未嘗有一毫之差。此天理之所以爲實而不妄者也。陳氏曰。天道流行。自古及今無一毫之妄。暑往則寒來。日往則月來。春生了便夏長。秋殺了便冬藏。元亨利貞。終始循環。萬古常如此。皆理之眞實處。凡天下之物。洪纖高下。飛潛動植。青黃黑白。萬古皆常然不易。如以木葉觀之。缺者常缺。圓者常圓。脩者常脩。短者常短。無一毫差錯。便待人力十分安排撰造來。終不相似。都是實理自然而然。若夫人物之生。性命之正。固亦莫非天理之實。但以氣質之偏。口鼻耳目四肢之好去聲得以蔽之。而私欲生焉。是以當其惻隱之發。而忮支義反害雜之。則所以爲仁者有不實矣。當其羞惡去聲之發。而貪昧雜之。則所以爲義者有不實矣。此常人之心所以雖欲勉於爲善。而內外隱顯。常不免於二致。其甚至於詐僞欺罔而卒墮於小人之歸。則以其二者雜之故也。惟聖人氣質淸純淸屬氣。純屬質。渾然天理。初無人欲之私以病之。是以仁則表

裏皆仁。而無一毫之不仁。義則表裏皆義。而無一毫之
不義。其爲德也。固舉天下之善而無一事之或遺。而其
爲善也。又極天下之實而無一毫之不滿。此其所以不
勉不思。從七容反容中去聲下同道。而動容周旋莫不中禮也。
曰。然則常人未免於私欲而無以實其德者奈何。曰。聖
人固已言之。亦曰擇善而固執之耳。夫於天下之事皆
有以知其如是爲善而不能不爲。知其如是爲惡而不
能不去。上聲下同則其爲善去惡之心固已篤矣。於是而又
加以固執之功。雖其不睹不聞之間。亦必戒謹恐懼而
不敢懈。居隘反則凡所謂私欲者。出而無所施於外。入而

無所藏於中自將消磨泯彌盡反滅不得以爲吾之病而吾之德又何患於不實哉是則所謂誠之者也曰然則大學論小人之陰惡陽善而以誠於中者目之何也曰若是者自其天理之大體觀之則其爲善也誠虛矣自其人欲之私分扶問反觀之則其爲惡也何實如之而安得不謂之誠哉但非天理眞實無妄之本然則其誠也適所以虛其本然之善而反爲不誠耳問誠於中形於外是實有惡於中便形見於外然誠者眞實無妄安得有惡有惡不幾於妄乎朱子曰此便是惡底眞實無妄善便虛了誠只是實而善惡不同實有一分惡便虛了一分善實有二分惡便虛了二分善○新安倪氏曰誠字有以實理言者有以實心言者以實理言則惟天理得誠之名而人欲不可以謂之誠以實心言則君子之實於爲善者固

可以言誠。而小人之實於爲惡者亦可以言誠也曰。諸說如何。曰。周子至矣。其上章以天道言，其下章以人道言。愚於通書之說亦旣畧言之矣。周子通書曰。誠者聖人之本。大哉乾元，萬物資始。誠之源也。乾道變化，各正性命，誠斯立焉。純粹至善者也。故曰一陰一陽之謂道，繼之者善也，成之者性也。元亨誠之通。利貞誠之復。大哉易也，性命之源乎。○聖誠而已矣。誠五常之本，百行之源也。靜無而動有。至正而明達也。五常百行非誠非也。邪暗塞也。故誠則無事矣。至易而行難。果而確無難焉。故曰一日克己復禮，天下歸仁焉。朱子說具通書解中程子無妄之云至矣。程子曰。無妄之謂誠。不欺其次矣。○朱子曰。無妄是我無妄，故誠。不欺者對物而言。故次之。○問無妄誠之道。不欺則所以求誠否。曰無妄是自然之誠，不欺是著力去做底。無妄者聖人也。謂聖人爲無妄則可。謂聖人爲不欺則不可其他說亦各有所發明。程子曰。誠者天之道。敬者人事之本。敬者用也。敬則誠。又曰。主一之謂敬。一者之謂誠。敬則有意在讀者深玩而默識焉則諸家之是非得失不能出乎此矣曰學問思辨亦有序乎曰學之博然後有以備事物之理故能參伍之以得所疑而有問問之審然後有以盡師友之情故能反復芳服反後言反復音同之以發其端而可思思之謹則精而不雜故能有所自得而可以施其辨辨之明則斷都喚反而不差故能無所疑惑而可以見形甸反於行行之篤則凡所學問思辨而得之者又皆必踐其實而不爲空言矣此五者之序也陳氏曰學不止於博覽群書凡天下事事物物道理皆須一一理會故曰博問不可粗畧須是詳審凡事物之理紛紜交錯輕重淺深看端的可疑是何處然後問乃能盡師友之情而疑可釋故曰審思不可泛濫而失之放蕩須是謹思則能精而不雜然後實有得於心實有所得則可以辨別

衆理。毫分縷析。自然精明不差。自學問思辨至此。見得道理真實分曉。然後篤力而行之。則可以踐其實而不爲空言。此五者不可廢一。然亦有次序。須從博學起。又須經四節目。道理方實知所謂至善所在。知得端的確然不可易。然後守之方可牢固曰。呂氏之說之詳。不亦善乎。曰。呂氏此章最爲詳實。然深考之。則亦未免乎有病。蓋君子之於天下。必欲無一理之不通。無一事之不能。故不可以不學。而其學不可以不博。及其積累魯水反。後言積累音同而貫通焉。然後有以深造七到反乎約。而一以貫之。非其博學之初已有造約之心。而姑從事於博以爲之地也。藍田呂氏曰。君子將以造其約。而不可以不博學以聚之。聚不博則約不可得。博學而詳說之。將以反說約也。爲學之道。造約爲功。約即誠也。不能至是。則多聞多見。徒足以飾口耳而已。語誠則未也。○朱子曰。人須是博學審問愼思明辨篤行。然後可到簡易田地。若不如此用工夫。一蹴便到聖賢地位。大段易了。古人何故如此博學審問慎思明辨篤行乎。孟子曰。博學而詳說之。將以反說約也。語云。博我以文。約我以禮。須是先博然後至約。如何便先要約得。人若先以簡易存心。不知博學審問謹思明辨篤行。將來便入異端去。

至於學而不能無疑。則不可以不問。而其問也或粗畧而不審。則其疑不能盡決。而與不問無以異矣。故其問之不可以不審。若曰成心亡而後可進。則是疑之說也。非疑而問。問而審之說也。

藍田呂氏曰。學者不欲進則已。欲進則不可以有成心。有成心則不可與進乎道矣。故成心存則自處以不疑。成心亡然後知所疑矣。小疑必小進。大疑必大進。蓋疑者不安於故而進於新者也。如問之審。審而知。則進孰禦焉。

學也。問也。得於外者也。若專恃此而不反之心以驗其實。則察之不精。信之不篤。而守之不固矣。

故必思索山客反以精之，然後心與理熟而彼此為一。然使其思也或太多而不專，則亦泛濫而無益；或太深而不止，則又過苦而有傷，皆非思之善也。故其思也又必貴於能謹，非獨為反之於身，知其為何事何物而已也。藍田呂氏曰：「不致吾思以反諸身，則學問聞見非吾事也。故知所以為性，知所以為命，反之於我何物也；知所以名仁，知所以名義，反之於我何事也。故曰：思則得之，不思則不得也。慎其所以思，必至于得而後已，則學問聞見皆非外鑠，是乃所謂誠也。」其餘則皆得之，而所論變化氣質者尤有功也。變化氣質之說見章句

○曰：何以言誠為此篇之樞紐也？曰：誠者實而已矣。天命云者，實理之原也；性，其在物之實體；道，其當然之實用；而教也者，又因其體用之實而品

節之也。不可離者此理之實也。隱之見微之顯實之存亡而不可揜者也。戒謹恐懼而謹其獨焉所以實乎此理之實也。中和云者所以狀此實理之體用也。天地位萬物育則所以極此實理之功效也。中庸云者實理之適可而平常者也。過與不及不見實理而妄行者也。費而隱者言實理之用廣而體微也。鳶飛魚躍流動充滿夫（音扶）豈無實而有是哉。道不遠人以下至於大舜文武周公之事孔子之言皆實理應用之當然而鬼神之不可揜則又其發見之所以然也。（實理所發見○陳氏曰。自天地以至人物小者大者皆是真實道理如此）聖人於此因以其無一毫之不實而至於如此之盛，其示人也亦欲其必以其實，而無一毫之僞也。蓋自然而實者，天也；必期於實者，人也。說天道人道諸章誠明以下累章之意，皆所以反復乎此而語其所以至於正大經而立大本，參天地而贊化育，則亦眞實無妄之極功也。卒章尚絅之云，又本其務實之初心而言也。內省者，謹獨克己之功；不愧屋漏者，戒謹恐懼而無己可克之事，皆所以實乎此之序也。時靡有爭，變也。百辟刑之，化也。無聲無臭，又極乎天命之性，實理之原而言也。蓋此篇大指，專以發明實理之本然，欲人之實此理而無妄，故其言雖多，而其樞紐不越乎誠之一言也。嗚呼。深哉。

或問誠明之說。曰。程子諸說。皆學者所傳錄。其以內外道行爲誠明。似不親切。程子曰。自其外者學之。而得於內者。謂之明。自其內者得之。而兼於外者。謂之誠。誠與明一也。又曰。孔子之道。發而爲行。如鄉黨之所載者。自誠而明也。由鄉黨之所載而學之。以至孔子者。自明而誠也。及其至焉一也。唯先明諸心一條。以知語明。以行語誠。爲得其訓。乃顏子好去聲學論中語。而程子之手筆也。亦可以見彼記錄者之不能無失矣。程子曰。君子之學必先明諸心。知所往。然後力行以求至。所謂自明而誠也。故學必盡其心。知其性。然後反而誠之。則聖人也。張子蓋以性教分爲學之兩塗。而不以論聖賢之品第。故有由誠至明之語。程子之辨。雖已得之。然未究其立言本意

之所以失也其曰誠即明也恐亦不能無誤張子曰自誠明者先
盡性以至于窮理也謂先自其性理會來以至於理自明誠者先窮理以至于盡性也謂先從學問理會以推
達于天性也○程子曰張子言由明以至誠此句却是言由誠以至明則不然誠即明也呂氏性教
二字得之而於誠字以至簡至易去聲行其所無事爲說
則似未得其本旨也且於性教皆以至於實然不易之
地爲言則至於云者非所以言性之之事而不易云者
亦非所以申實然之說也藍田呂氏曰自誠明性之者也自明誠反之者也性之者
自成德而言聖人之所性也反之者自志學而言聖人之所教也成德者至于實然不易之地理義皆此出也
天下之理如目睹耳聞不慮而知不言而喻此之謂誠則明志學者致知以窮天下之理則天下之理皆得卒
亦至於實然不易之地至簡至易行其所無事此之謂明則誠然其過於游楊則遠矣

廣平游氏曰。自誠明。由中出也。故可名於性。自明誠。自外入也。故可名於教。誠者因性。故無不明。明者致曲。故能有誠。○龜山楊氏曰。自誠而明。天之道也。故謂之性。自明而誠。人之道也。故謂之教。天人一道。而心之所至有差焉。其歸則無二致也。故曰誠則明矣。明則誠矣。

或問至誠盡性諸說如何。曰。程子以盡己之忠。盡物之信爲盡其性。蓋因其事而極言之。非正解此文之意。今不得而錄也。程子曰。盡己爲忠。盡物爲信。極言之。則盡己者盡己之性也。盡物者盡物之性也。信者無僞而已。於天命有所損益。則爲僞矣。其論贊天地之化育而曰不可以贊助言。論窮理盡性以至於命而曰只窮理便是至於命。則亦若有可疑者。程子曰。贊者參贊之義。先天而天弗違。後天而奉天時之類也。非謂贊助。只有一箇誠。何助之有。又曰。如言窮理以至於命。以蓋序言之。不得不然。其實只是窮理。便能盡性至命也。

嘗竊論之天下之理未嘗不一而語其分扶問反下同則未嘗不殊此自然之勢也蓋人生天地之間稟天地之氣其體即天地之體其心即天地之心以理而言是豈有二物哉故凡天下之事雖若人之所爲而其所以爲之者莫非天地之所爲也又況聖人純於義理而無人欲之私則其所以代天而理物者乃以天地之心而贊天地之化尤不見其有彼此之間去聲也若以其分言之則天之所爲固非人之所及而人之所爲又有天地之所不及者其事固不同也但分殊之狀人莫不知而理一之致多或未察故程子之言發明理一之意多而及於

分殊者少。蓋抑揚之勢不得不然，然亦不無小失其平矣。唯其所謂只是一理，而天人所爲各自有分，乃爲全備而不偏，而讀者亦莫之省悉井反也。程子曰：自人而言之，從盡其性至盡物之性，然後可以贊天地之化育，可以與天地參矣。言人盡性所造如是。若只是至誠，更不須論所謂人者，天地之心，及天聰明，止謂只是一理，而天人所爲各自有分。至於窮理至命，盡人盡物之說，則程張之論雖有不同，然亦以此而推之，則其說初亦未嘗甚異也。蓋以理言之，則精粗本末初無二致，固不容有漸次，當如程子之論。若以其事而言，則其親踈遠近、淺深先後，又不容於無別筆列反，當如張子之言也。張子曰：二程解窮理盡性以至於命，只窮理便是至於命，亦是失於太快。此義儘有次序，須是窮理，便能盡得已之性。旣盡得已之性。則推類又盡人之性。旣盡得人之性。須是并萬物之性一齊盡得。如此然後至於天道也。其間煞有事。豈有當下理會了。學者須是窮理爲先。如此則方有學。今言知命與至於命。盡有遠近。豈可以知便謂之至也

呂游楊說皆善。而呂尤確克角反實。楊氏萬物皆備云者。又前章格物誠身之意。然於此論之。則反求於身。又有所不足言也。胥失之矣

藍田呂氏曰。至於實理之極。則吾生之所固有者不越乎是。吾生所有旣一於理。則理之所有皆吾性也。人受天地之中。其生也具有天地之德。柔強昏明之質雖異。其心之所然者皆同。特蔽有淺深。故別而爲昏明。稟有多寡。故分而爲柔強。至於理之所同然。雖聖愚有所不異。盡已之性。則天下之性皆然。故能盡人之性。蔽有淺深。故爲昏明。蔽有開塞。故爲人物。稟有多寡。故爲強柔。稟有偏正。故爲人物。故物之性與人異者幾希。惟塞而不開。故知不若人之明。偏而不正。故才不若人之美。然人有近物之性者。物有近人之性者。亦繫乎此。於人之性開塞偏正無所不盡。則物之性未有不

能盡也。已也。人也。物也。莫不盡其性。則天地之化幾矣。故行其所無事。順以養之而已。是所謂贊天地之化育者也。如堯命羲和。欽若昊天。至於民之析因夷隩。鳥獸之孳尾希革毛毨氄毛。無不與知。則所贊可知矣。天地之化育猶有所不及。必人贊之而後備。則天地非人不立。故人與天地並立爲三才。此之謂與天地參。○廣平游氏曰。萬物皆備於我矣。反身而誠。樂莫大焉。故惟天下至誠爲能盡其性。千萬人之性。一己之性是也。故能盡其性則能盡人之性。萬物之性。一人之性是也。故能盡人之性則能盡物之性。同焉皆得者各安其常。則盡人之性也。至於盡物之性。則和氣充塞。故可以贊天地之化育。夫如是。則天覆地載。教化各任其職。而成位乎其中矣。○龜山楊氏曰。性者萬物之一源也。非夫體天德者。其孰能盡之。能盡其性。則人物之性斯盡矣。言有漸次也。贊化育。參天地。皆其分內耳。又曰。孟子曰。萬物皆備於我。則數雖多。反而求之於吾身可也。故曰盡己之性。則能盡人之性。盡人之性。則能盡物之性。以己與人物性無二故也。

或問致曲之說。曰。人性雖同。而氣稟或異。自其性而言之。

則人自孩提聖人之質悉以完具以其氣而言之則惟聖人爲能舉其全體而無所不盡上章所言至誠盡性是也若其次則善端所發隨其所稟之厚薄或仁或義或孝或弟通作悌而不能同矣自非各因其發見之偏一一推之以至乎其極使其薄者厚而異者同則不能有以貫通乎全體而復其初即此章所謂致曲而孟子所謂擴充其四端者是也問既是四端安得謂之曲朱子曰四端先後互發豈不是曲若謂只有此一曲則是夷惠之偏如何得該偏聖人具全體一齊該了而當用時亦只是發一端如用仁則義禮智如何上來得問雖發一端其餘只平鋪在要用即用不似以下人有先後間斷之意須待擴而後充曰然程子之言大意如此程子曰人自孩提聖人之質已完只先於偏勝處發或仁或義或孝

或第。去氣偏處發。便是致曲。去性上脩。便是直養。然同歸于誠。但其所論不詳。且以由基之射為說。故有疑於專務推致其氣質之所偏厚而無隨事用力悉有衆善之意。左傳成公十六年。潘尪之黨。黨乃潘尪之子。尪音汪。與養由基楚善射者蹲甲而射之。蹲。聚也。徹七札焉。以示王曰。楚共王君有二臣如此。何憂於戰。呂錡射共王中目。王召養由基與之兩矢使射呂錡中項。伏弢。音滔弓衣也。以一矢復命。○程子曰。曲。偏曲之謂。非大道也。曲能有誠。就一事中用志不分。亦能有誠。且如技藝上可見。如養由基射之類是也。○問程子說致曲先於偏勝處發。似未安。如此則專主一偏矣。朱子曰。此說甚可疑。須於事上論。不當於人上論。又以形為參前倚衡所立卓爾之意則亦若以為己之所自見而無與音預於人也。豈其記者之畧而失之與。羊諸反至於明動變化之說則無以易矣。程子曰。誠則形。誠然後便有物。如立則見其參於前。在輿則見其倚於衡如有所立卓爾皆若有物方見如無形是見何物也形則著文著見也著則明是有光輝之時也明則動誠能動人也君子所過者化豈非動乎或曰變與化何別曰變如物方變而未化化則更無舊迹自然之謂也莊子言變大於化非也若張子之說以明爲兼照動爲徙義變爲通變化爲無滯則皆以其進乎內者言之失其旨矣蓋進德之序由中達外乃理之自然如上章之說亦自己而人自人而物各有次序不應專於內而遺其外也凡夫音扶進乎內之節目亦安得如是之繁促哉張子曰致曲不貳則德有定體體象誠定則文節著見一曲致文則餘善兼照明能兼照則必將徙義誠能徙義則德自通變能通其變則圓神無滯游氏說亦得之但說致曲二字不同非本意耳廣平游氏曰誠者不思不勉直心而徑行也其次則臨言而必思不敢縱言也臨行而必擇不

敢徑行也。故曰致曲。曲折而反諸心也。擬議之間鄙詐不萌而忠信立矣。故曲能有誠。有諸中必形諸外。故誠則形。形於身必著於物。故形則著。誠至於著則内外洞徹。清明在躬。故著則明。明則有以動衆。故明則動。動則有以易俗。故動則變。變則革汙以爲清。革暴以爲良。然猶有迹也。化則其迹泯矣。日用飲食而已。至於化則神之所爲也。非天下之至誠。其孰能與於此。楊氏旣以光輝發外爲明矣。而又引明則誠矣。則似以明爲通明之明。旣以鶴鳴子和去聲爲動矣。而又曰化非學問篤行所及。則似以化爲大而化之之化。此其文意不相承續。且於明動之間。本文之外。别生無物不誠一節以就至誠動物之意。尤不可曉。今固不能盡録。然亦不可不辨也。龜山楊氏曰。能盡其性者。誠也。其次致曲者。誠之也。學問思辨而篤行之。致曲也。用志不分。故能有誠。誠於中。形於外。參前倚衡。不可揜也。故形。形則有物。故著。著則光輝發於外。故明。明則誠矣。未有誠而不動。動而不變也。鶴鳴在陰。其子和之。非動乎。由能有誠。誠在一曲也。明則誠矣。無物不誠也。至於化。則非學問思辨篤行之所及也。故唯天下至誠爲能化

或問至誠如神之說。曰。吕氏得之矣。其論動乎四體爲威儀之則者。尤爲確實。藍田吕氏曰。至誠與天地同德。與天地同德。則其氣化運行與天地同流矣。興亡之兆。禍福之來。感於吾心。動於吾氣。如有萌焉。無不前知。況乎誠心之至。求乎著龜而著龜告。察乎四體而四體應。所謂莫見乎隱。莫顯乎微者也。此至誠所以達乎神明而無間。故曰至誠如神。動乎四體。如傳所謂威儀之則以定命者也游氏心合於氣氣合於神之云非儒者之言也。且心無形而氣有物。若之何而反以是爲妙哉。廣平游氏曰。至誠之道。精一無間。心合於氣。氣合於神。無聲無臭。而天地之間。物莫得以遁其形矣。不既神矣乎程子用便近二之論。蓋因異端之說。程子曰。人固可以前知。然其理

須是用則知。不用則不知。知不如不知之愈。蓋用便近二。所以釋子謂又不是野狐精也。如蜀山人董五經之徒。亦有能前知者。程子曰。蜀山人不起念十年便能前知。○又嘗前有董五經。隱者也。程子聞其名。謂其亦窮經之士。特往造焉。董平日未嘗出。是日不值。還至中途。遇一老人負荼果以歸。且曰。君非程先生乎。程子異之。曰。先生欲來。信息甚大。某特入城置少荼果。將以奉待也。程子以其誠意。懇同至其舍。語甚款。亦無大過人者。但久不與物接。心靜而明矣。故就之而論其優劣。非以其不用而不知者爲眞可貴。而賢於至誠之前知也。至誠前知。乃因其事理朕（直忍反）兆之已形而得之。如所謂不逆詐。不億不信。而常先覺者。非有術數推驗之煩。意想測度（待洛反）之私也。亦何害其爲一哉。

或問二十五章之說。曰。自成自道。如程子說。乃與下文相應。程子曰：誠者自成。如至誠事親則成人子，至誠事君則成人臣。○學者不可以不誠。雖然，誠者在知道本而誠之耳。游楊皆以無待而然論之，其說雖高，然於此爲無所當，去聲，下同。且又老莊之遺意也。廣平游氏曰：誠者非有成之者，自成而已，其爲道非有道之者，自道而已。自成自道，猶言自本自根也。○龜山楊氏曰：誠自誠，道自道，無所待而然也。誠者物之終始，不誠無物之義，亦惟程子之言爲至當。然其言太略，故讀者或不能曉，請得而推言之。蓋誠之爲言實而已矣。然此篇之言，有以理之實而言者，如曰誠不可揜之類是也；有以心之實而言者，如曰反身不誠之類是也。讀者各隨其文意之所指而尋之，則其義各得矣。所謂誠者物之終始，不誠無物者，以理言之，則天地之理至實而無一息之妄故自古至今無一物之不實而一物之中自始至終皆實理之所爲也以心言之則聖人之心亦至實而無一息之妄故從生至死無一事之不實而一事之中自始至終皆實心之所爲也此所謂誠者物之終始者然也苟未至於聖人而其本心之實者猶未免於間斷間斷上去聲下徒玩反後並同則自其實有是心之初以至未有間斷之前所爲無不實者及其間斷則自其間斷之後以至未相接續之前凡所云爲皆無實之可言雖有其事亦無以異於無有矣如曰二月不違則三月之間所爲皆實而三月之後未免於無實蓋不

違之終始即其事之終始也。日月至焉則至此之時所爲皆實而去此之後未免於無實。蓋至焉之終始即其物之終始也。是則所謂不誠無物者然也。以是言之則在天者本無不實之理。故凡物之生於理者必有是理方有是物。未有無其理而徒有不實之物者也。在人者或有不實之心。故凡物之出於心者必有是心之實乃有是物之實。未有無其心之實而能有其物之實者也。程子所謂徹頭徹尾者蓋如此。程子曰：誠者物之終始，猶俗語徹頭徹尾不誠更有甚物也。其餘諸說大抵皆知誠之在天爲實理而不知其在人爲實心。是以爲說太高而往往至於交互差錯以失經文之本意正猶知愛之不足以盡仁而凡言仁者遂至於無字之可訓其亦誤矣吕氏所論子貢子思所言之異亦善而猶有未盡者蓋子貢之言主於知子思之言主於行故各就其所重而有賓主之分亦不但爲成德入德之殊而已也藍田吕氏曰子貢曰學不厭智也教不倦仁也學不厭所以成己此則成己爲仁教不倦所以成物此則成物爲智何也夫盡己性以成己則仁之體也推是以成物則智之事也自成德而言也學不厭所以致吾知教不倦所以廣吾愛自入德而言也此子思子貢之言所以異也○新安陳氏曰不厭不倦者進德之事子貢蓋主知而言故以智爲體而仁爲用成己成物者成德之事子思蓋主行而言故以仁爲體而智爲用也仁智之所以相爲體用者仁即乾之元時之春智即乾之貞時之冬也仁如元之始春之生義禮智皆仁之推此仁之所以爲體而智之所以爲用也然智以知之而後仁以行之

如貞下之起元，冬藏之蘊夫春生。此智之所以爲體，而仁之所以爲用也。楊氏說物之終始

直以天行二字爲解，蓋本於易終則有始天行也之說，

假借依託，無所發明。楊氏之言，蓋多類此，最說經之大

病也。又謂誠則形而有物，不誠則輟陟劣反，止也。而無物，亦

未安。誠之有物，蓋不待形而有；不誠之無物，亦不待其

輟而後無也。其曰由四時之運已，則成物之功廢，蓋亦

輟而後無之意，而又直以天無不實之理，喻夫音扶，下同。人

有不實之心，其取譬也，亦不親切矣。彼四時之運，夫豈

有時而已者哉？龜山楊氏曰：其爲物終始，天行也。誠則形，形故有物；不誠而著乎僞，則有作輟，

故息，息則無物矣。由四時之運已，則成物之功廢，尚何終始之有？故以習則不察，以行則不著，以進德則不可

久。以脩業則不可大。故君子唯誠之爲貴

或問二十六章之說曰。此章之說最爲繁雜。如游楊無息不息之辨。恐未然。若如其言則不息則久以下至何地位然後爲無息耶。廣平游氏曰。至誠無息。天行健也。君文王之德之純是也。未能無息而不息者。君子之自彊也。若顔子之三月不違仁是也。○龜山楊氏曰。無息者誠之體也。不息所以體誠也。○葉氏曰。雖變文云不息。若就聖人至誠言之。只是自然無息。不可以不字爲學者用力事也游氏又以得一形容不二之意亦假借之類也。字雖密而意則踈矣。老子云。天得一以淸。地得一以寧。○廣平游氏曰。其爲物不二。天地之得一也。一則不已。故載萬物。雕刻衆形而莫知其端也。故生物不測呂氏所謂不已其命不已其德意雖無爽。而語亦有病。蓋天道聖人之所以不息皆實理之自然。雖欲已之而不可得。今曰不已其命。不已其德。則是有意於不已。而非所以明聖人天道之自然矣。藍田呂氏曰。天之所以爲天。不已其命而已。聖人之所以爲聖。不已其德而已。其爲天人德命則異。其所以不已則一。故聖人之道可以配天者。如此而已。又以積天之昭昭以至於無窮。譬夫音扶下同人之充其良心以至於與天地合德。意則甚善。而此章所謂至誠無息。以至於博厚高明。乃聖人久於其道而天下化成之事。其所積而成者。乃其氣象功效之謂。若鄭氏所謂至誠之德著於四方者是已。非謂在已之德亦待積而後成也。故章末引文王之詩以證之。夫豈積累漸次之謂哉。若如呂氏之說。則是因無息然後至於誠由不已然後純於天道也。失其旨矣。藍田呂氏曰。雖天之大。昭昭之多而已。雖地之廣。撮土之多而已。山之一卷。水之一勺。亦猶是矣。其所以高明博厚神明不測者。積之之多而已。今夫人之有良心也。莫非受天地之中。是爲可欲之善。不充之。則不能與天地相似而至乎大。大而不化。則不能不勉不思與天地合德而至乎聖。然所以至于聖者。充其良心。德盛仁熟而後爾也。故曰過此以往。未之或知也。窮神知化。德之盛也。如指人之良心而責之與天地合德。猶指撮土而求其載華嶽振河海之力。指一勺而求其生蛟龍殖貨財之功。是亦不思之甚也。楊氏動以天故無息之語甚善。龜山楊氏曰。誠自成。非有假於物也。而其動以天。故無息。其曰天地之道聖人之德無二致焉。顧方論聖人之事。而又曰天地之道可一言而盡。蓋未覺其語之更平聲端耳。龜山楊氏曰。積而至於博厚高明。則覆載成物之事備矣。其用則不可得而見也。故配天地無疆言之。所以著明之也。然天地之道。聖人之德。

其爲覆載成物之功則無二致焉。故又曰天地之道可一言而盡也。所謂一者誠而已。互相明也。精一而不二。故能生物不測。不誠則無物矣。至謂天之所以爲天文王之所以爲文。皆原於不已則亦猶呂氏之失也。龜山楊氏曰誠之一言足以盡之不息之積也若夫擇善而不能固執之若存若亡而欲與天地合德其可乎。故又繼之天之所以爲天。文王之所以爲文。皆原於不已大抵聖賢之言內外精粗各有攸當去聲而無非極致近世諸儒乃或不察乎此而於其外者皆欲引而納之於內於其粗者皆欲推而致之於精若致曲之明動變化。此章之博厚高明蓋不勝平聲其煩碎穿鑿而於其本指失之愈遠。學者不可以不察也

或問二十七章之說。曰。程張備矣。程子曰。自大哉聖人之道至道不凝焉皆是一

貫。○德性者，言性之可貴，與言性善，其實一也。○須是合内外之道，一天人，齊上下，下學而上達，極高明而道中庸。又曰：極高明而道中庸，非二事。中庸，天理也。天理固高明，不極乎高明，不足以道中庸。中庸乃高明之極也。又曰：理則極高明，行之只是中庸也。○張子曰：天體物而不遺，猶人體事而無不在也。禮儀三百，威儀三千，無一物之非仁也。昊天曰明，及爾出王；昊天曰旦，及爾游衍，無一物之不體也。○不尊德性，則問學從而不道；不致廣大，則精微無所立其誠；不極高明，則擇乎中庸失時措之宜矣。○尊德性，猶據於德。德性須尊之，道行也。問問得者，學行得者，猶學問也。尊德性，須是將前言往行所聞所知，以參驗恐行有錯。致廣大，須盡精微，不得鹵莽。極高明，須道中庸之道。○致廣大，極高明，此則儘遠大，所處則直是精約。○温故知新，多識前言往行以畜德，繹舊業而知新，益思昔未至而今至之，緣舊所見聞而察來，皆其義也。張子所論逐句爲義一條，甚爲切於文義。張子曰：尊德性而道問學，致廣大而盡精微，極高明而道中庸，皆逐句爲一義，上言重，下言輕。故呂氏因之。藍田呂氏曰：道之在我者，德性而已，不先貴乎此則所謂問學者不免乎口耳爲人之事而已道之全體者廣大而已不先充乎此則所謂精微者或偏或隘矣道之上達者高明而已不先止乎此則所謂中庸者同汙合俗矣然須更以游楊二說足之則其義始備耳。廣平游氏曰懲忿窒欲閑邪存誠此尊德性也非學以聚之問以辨之則擇善不明矣故繼之道問學然後能致廣大尊其所聞行其所知充其德性之體使無不該徧此致廣大也非盡精微則無以極深而研幾故繼之以盡精微然後能極高明始也未離乎方今則無方矣始也未離乎體今則無體矣離形去智廓然大通此極高明也非道中庸則無跡履可據之地不幾於蕩而無執乎故繼之以道中庸高明者中庸之妙理而中庸者高明之實德也其實非兩體也○龜山楊氏曰尊德性而後能致廣大致廣大而後能極高明道問學而後能盡精微盡精微而後能擇中庸而固執之入德之序也○格庵趙氏曰張子言逐句爲義呂氏因之游氏以逐句相承接爲說楊氏以逐句上一節承上一節下一節承下一節爲說兼讀其義始備游氏分別筆列反至道至德爲得之唯優優大哉之說爲未善。廣平游氏曰。發育萬物峻極于天。至道之功也。禮儀三百威儀三千。至道之具也。洋洋乎。上際於天。下蟠於地也。優優大哉。言動容周旋中禮也。夫以三百三千之多。儀非天下至誠孰能從容而盡中哉。故曰待其人然後行。蓋盛德之至者。人也。故曰苟不至德。至道不凝焉。至德非他。至誠而已矣。而以無方無體離去聲形去智爲極高明之意。又以人德地德天德爲德性廣大高明之分。則其失愈遠矣。廣平游氏曰。尊其德性而道問學。人德也。致廣大而盡精微。地德也。極高明而道中庸。天德也。自人而天。則上達矣。楊氏之說亦不可曉。蓋道者自然之路。德者人之所得。故禮者道體之節文。必其人之有德。然後乃能行之也。今乃以禮爲德而欲以凝夫音扶道。則既誤矣。而又曰。道非禮則蕩而無止。禮非道則梏於儀章器數之末。

而有所不行。則是所謂道者。乃爲虛無恍惚。元無準則之物。所謂德者。又不足以凝道。而反有所待於道也。其諸老氏之言乎。誤益甚矣。龜山楊氏曰。道之峻極于天。道之至也。無禮以範圍之。則蕩而無止。而天地之化或過矣。禮儀三百。威儀三千。所以體道而範圍之也。故曰苟不至德。至道不凝焉。所謂至德者。禮其是乎。夫禮。天所秩也。後世或以爲忠信之薄。或以爲偽。皆不知天者也。故曰待其人然後行。蓋道非禮不止。禮非道不行。二者常相資也。苟非其人。而梏於儀章器數之末。則愚不肖者之不及也。尚何至道之凝哉

溫故知新。敦厚崇禮。諸說但以二句相對。明其不可偏廢。大意固然。廣平游氏曰。溫故而知新。所以博學而詳說之也。敦厚以崇禮。所以守約而處中也。○龜山楊氏曰。溫故而知新。道問學之事也。敦厚以崇禮。道中庸之事也。然細分之。則溫故然後有以知新。而溫故又不可不知新。敦厚然後有

以崇禮而敦厚又不可不崇禮此則諸説之所遺也大抵此五句承章首道體大小而言故一句之内皆具大小二意如德性也廣大也高明也故也厚也道之大也問學也精微也中庸也新也禮也道之小也尊之道之致之盡之極之道之温之知之敦之崇之所以脩是德而凝是道也以其於道之大小無所不體故居上居下在治去聲在亂無所不宜此又一章之通旨也

或問子思之時周室衰微禮樂失官制度不行於天下久矣其曰同軌同文何也曰當是之時周室雖衰而人猶以爲天下無二王諸侯雖有不臣之心然方彼此爭雄

不能相尚下及六國之未亡猶未有能更平聲姓改物而定天下于一者也則周之文軌孰得而變之哉曰周之車軌書文何以能若是其必同也曰古之有天下者必改正朔易服色殊徽號以新天下之耳目而一其心志若三代之異尚其見賢遍反於書傳去聲下同者詳矣軌者車之轍迹也周人尚輿而制作之法領於冬官其輿之廣六尺六寸故其轍迹之在地者相距之間廣狹如一無有遠邇莫不齊同凡爲車者必合乎此然後可以行乎方内而無不通不合乎此則不惟有司得以討之而其行於道路自將偏倚杌音兀隉倪結反不安也而跬犬委反半步也步不

前亦不待禁而自不爲矣。古語所謂閉門造車出門合轍。蓋言其法之同。而春秋傳所謂同軌畢至者。則以言其四海之内。政令所及者無不來也。文者書之點畫形象也。周禮司徒教民道藝而書居其一。又有外史掌達書名於四方而大行人之法。則又每九歲而一諭焉。其制度之詳如此。是以雖其末流海内分裂而猶不得變也。周禮地官大司徒以鄉三物教萬民而賓興之。三曰六藝。禮樂射御書數。○春官外史掌書外令。掌四方之志。掌三皇五帝之書。掌達書名於四方。若以書使去聲于四方。則書其令。○大行人。王之所以撫邦國諸侯者。歲徧存。三歲徧覜。音眺五歲徧省。七歲屬象胥諭言語。恊辭命。九歲屬瞽史論書名。書名所以同其文。故使瞽史諭之聽音聲必至於秦滅六國。而其號令法制有以同於天下。然後車以六尺爲度。書以小篆隸書爲法。而周制始改。爾孰謂子思之時而遽然哉。三山陳氏曰。按曾穆公元年子思作中庸。蓋周威烈王之十七年也。是時列國雖彊。猶用周制。至秦吞并後。始用六爲紀。而輿六尺。是改車之軌。損於周者六寸矣。又命李斯程邈更制小篆隸書。而後書之文始不同。

或問二十九章之說。曰。三重諸說不同。雖程子亦因鄭註。然於文義皆不通。程子曰。三重。即三王之禮。此即鄭註之說。唯呂氏一說爲得之耳。說見章句。至於上下焉者。則呂氏亦失之。惜乎其不因上句以推之。而爲是矛盾食允反也。藍田呂氏曰。上焉者。謂上達之事。如性命道德之本。不驗之於民之行事。則徒言而近於荒唐。下焉者。謂下達之事。如刑名度數之末。隨時變易。無所稽考。則臆見而出於穿鑿。二者皆無取信於民。是以民無所適從。曰。然則上焉者以時言下焉者以位言宜不得爲一說且又安知下焉者之不爲霸者事耶曰以王去聲天下者而言則位不可以復上矣以霸者之事而言則其善又不足稱也亦何疑哉

曰此章文義多近似而若可以相易者其有辨乎曰有三王以迹言者也故曰不謬言與其已行者無所差也天地以道言者也故曰不悖言與其自然者無所拂也鬼神無形而難知故曰無疑謂幽有以驗乎明也後聖未至而難料故曰不惑謂遠有以驗乎近也曰三山潘氏曰通天下一理耳無往不在無時不然是以達幽明貫古今而無所不通動舉一身兼行與言而言之也道者人所共由兼法與則而言之也法謂法度

人之所當守也。則謂準則。人之所取正也。遠者悅其德之廣被（平義反）及也。故企而慕之。近者習其行（去聲）之有常。故久而安之也。

或問小德大德之說。曰。以天地言之。則高下散殊者。小德之川流。於（音烏）穆不已者。大德之敦化。以聖人言之。則物各付物者。小德之川流。純亦不已者。大德之敦化。以此推之。可見諸說之得失矣。曰。子之所謂兼內外。該本末而言者。何也。曰。是不可以一事言也。姑以夫子已行之迹言之。則由其書之有得夏時贊周易也。由其行（去聲下同）之有不時不食也。迅雷風烈必變也。以至於仕止久速之皆當其可也。而其所以律天時之意可見矣。（得夏時。出禮記禮運篇。詳見論語八佾篇禘自既灌而往章下）由其書之有序禹貢述職方也。由其行之有居魯而逢掖（音亦）也。居宋而章甫也。以至於用舍（上聲）行藏之所遇而安也。而其襲水土之意可見矣。（述職方以除九丘。見尚書序。職方即周禮職方氏也。○記儒行篇。孔子曰。丘少居魯。衣逢掖之衣。長居宋。冠章甫之冠。逢掖。即深衣也。章甫。商之冠名。宋。商之後。故用其冠）若因是以推之。則古先聖王之所以迎日推筴。（筴與策同）頒朔授民。而其大至於禪（善去聲）授放伐。各以其時者。皆律天時之事也。其所以體國經野。方設居方。而其廣至於昆蟲草木各遂其性者。皆襲水土之事也。使夫子而得邦家也。則亦何慊（口點反）

於是哉頒朔詳見論語八佾篇子貢欲去告朔之餼羊下○史記黃帝本紀云迎日推筴註策數也迎數之也日月朔望未來而推之故曰迎日○周禮云惟王建國辨方正位體國經野註體猶分也經謂爲之里數○亡虞書序云帝釐下土方設居方言帝舜理四方諸侯隨方別其居方之法也

或問至聖至誠之說曰楊氏以聰明睿知爲君德者得之而未盡其寬裕以下則失之蓋聰明睿知者生知安行而首出庶物之資也容執敬別則仁義禮智之事也龜山楊氏曰書曰惟天生聰明時乂易曰知臨大君之宜吉則聰明睿知人君之德也故足以有臨寬裕溫柔仁之質也故足以有容發彊剛毅以致果故有執齊莊中正以直內故有敬文理密察理於義故有別經綸以下諸家之說亦或得其文義但不知經綸之爲致和立本之爲致中知化之爲窮理以至於命且上於至誠

者無所繫於焉有所倚者無所屬音燭則爲不得其綱領耳游氏以上章爲言至聖至德下章爲言至誠之道者得之也廣平游氏曰聰明睿知聖德也寬裕温柔仁德也發彊剛毅義德也齊莊中正禮德也文理密察智德也溥博者其大無方淵泉者其深不測或容以爲仁或執以爲義或敬以爲禮或别以爲智惟其時而已此所謂時出之也夫然故外有以正天下之觀內有以通天下之志是以見而民敬言而民信行而民悅自西自東自南自北莫不心悅而誠服此至聖之德也天地之大經五品之民彝也凡爲天下之常道皆可名於經而民彝爲大經經綸者因性循理而治之無汩其序之謂也立天地之大本者建中于民也淵淵其淵非特如淵而已浩浩其天非特如天而已此至誠之道也其說自德者其用以下皆善廣平游氏曰德者其用也有目者所共見有心者所共知故凡有血氣者莫不尊親道者其本也非道同志一莫窺其奧故曰苟不固聰明聖知達天德者其孰能知之蓋至誠之道非至聖不能知至聖之德非至誠不能

爲。故其言之序相因如此

或問卒章之說。曰。承上三章既言聖人之德而極其盛矣。子思懼夫音扶下同學者求之於高遠玄妙之域。輕自大而反失之也。故反於其至近者而言之。以示入德之方。欲學者先知用心於内。不求人知。然後可以謹獨誠身而馴致乎其極也。君子篤恭而天下平。而其所以平者無聲臭之可尋。此至誠盛德自然之効。而中庸之極功也。故以是而終篇焉。蓋以一篇而論之。則天命之性。率性之道。脩道之教。與夫天地之所以位。萬物之所以育者。於此可見其實德。以此章論之。則所謂淡而不厭。簡而文溫而理。知遠之近，知風之自，知微之顯者，於此可見其成功，皆非空言也。然其所以入乎此者，則無他焉，亦曰反身以謹獨而已矣。故首章已發其意，此章又申明而極言之，其旨深哉。其曰不顯，亦充尚絅之心以至其極耳，與詩之訓義不同，蓋亦假借而言。若大學敬止之例也。新安陳氏曰：詩意本謂豈不顯，此則眞謂其幽潛不顯。如詩敬止爲語助詞，大學則謂無不敬而安所止也。

諸說如何？曰：程子至矣。程子曰：不愧屋漏，便有箇持敬氣象。又曰：不愧屋漏，則心安而躰舒。○尚不愧于屋漏，是敬之事。○聖人脩己以安百姓，篤恭而天下平。惟上下一於恭敬，則天地自位，萬物自育，氣無不和，四靈何有不至。此躰信達順之道，聰明睿知皆由此出，以此事天享帝。○道一本也。知不二本，便是篤恭而平天下之道。又曰：君子之遇事，無巨細，一於敬而已矣。簡細故以自崇，非敬也。飾私智以爲奇。非敬也。要之無敢慢而已。語曰。居處恭。執事敬。雖之夷狄不可棄也。然則執事敬者。固爲仁之端也。推是心而成之。則篤恭而天下平矣。○毛猶有倫。入毫釐絲忽終不盡。○中庸言道。只消道無聲無臭四字。總括了多少。○中庸之語。其本至於無聲無臭。其用至於禮儀三百。威儀三千。自禮儀三百。威儀三千。復歸於無聲無臭。此言聖人心要處　呂氏既失其章旨。又不得其綱領條貫。而於文義尤多未當。去聲。下未當同。如此章承上文聖誠之極致。而反之以本乎下學之初心。遂推言之。以至其極而後已也。而以爲皆言德成反本之事。則既失其章旨矣。藍田呂氏曰。此章皆言德成反本。以盡中庸之道　此章凡八引詩。自衣錦尚絅以至不顯惟德凡五條。始學成德踈密淺深之序也。自不大聲色以至無聲無臭凡三條。皆所以贊夫不顯之德也今以不顯惟德通前三義而并言之又以後三條者亦通爲進德工夫淺深次第則又失其條理矣藍田呂氏曰不顯惟德百辟其刑之者蓋要其所以不動而敬不言而信不賞而勸不怒而威豈有他哉在德而已○德輶如毛謂之德者猶誠之者也未至乎誠也若至乎誠則與天爲一無意無我非勉非思渾然不可得而名者也聲臭之於形微矣有物而不可見猶曰無之則上天之事可知矣○不動而敬不言而信不賞而勸不怒而威則德孚於人而忘乎言動矣然猶有德之聲色一存焉至于不大聲色然後可以入乎無聲無臭而誠一於天至以知風之自爲知見聞動作皆由心出以知微之顯爲知心之精微明達暴著藍田呂氏曰以見聞之廣動作之利推所從來莫非心之所出其知風之自歟○心之精微至隱至妙無聲無臭然其理明達暴著若懸日月其知微之顯歟以不動而敬不言而信爲人敬信之藍田呂氏曰其中有本不待言動而人敬信以

貨色親長上聲。達諸天下。爲篤恭而天下平。藍田呂氏曰。君子之善與人同。合内外之道則爲德。非特成己。將以成物。故君子與言貨色之欲。親長之私。必達於天下而後已。豈非篤恭而天下平者哉。以德爲誠之之事。而猶有聲色。至於無聲無臭。然後誠一於天。則又文義之未當者然也。然近世說者乃有深取其知風之自之說。而以爲非大程夫子不能言者。蓋習於佛氏作用是性之談。而不察乎了翁序文之誤耳。學之不講。其陋至此。亦可憐也。朱子曰。呂氏却是作用是性之意。於學無所統攝。游氏所謂無藏於中。無交於物。泊然純素。獨與神明居。所謂離人而立於獨者。皆非儒者之言。廣平游氏曰。無藏於中。無交於物。泊然純素。獨與神明居。此淡也。然因性而已。故曰不厭。○無聲無臭。則離人而立於獨矣。不失足於人。不失色於人。不失口於人。則又審於接物之事而非簡之謂也。廣平游氏曰。不失足於人。不失色於人。不失口於人。此簡也。然循理而已。故文其論三知未免牽合之病。廣平游氏曰。欲治其國。先齊其家。知遠之近也。人人親其親。長其長。而天下平。可不謂近矣乎。欲齊其家。先脩其身。知風之自也。易於家人曰。風自火出。而君子以言有物。行有常。可不謂所自乎。欲脩其身。先正其心。知微之顯也。夫道視之不見。聽之不聞。而常不離心術日用之間。可不謂顯矣乎。其論德輶如毛以下則其失與呂氏同。廣平游氏曰。所謂德者。非甚高而難知也。甚遠而難至也。舉之則是。故曰德輶如毛。既已有所舉矣。則必思而得。勉而中。是人道而有對。故曰毛猶有倫。若夫誠之至。則無思無為。從容中道。是天道也。故曰上天之載無聲無臭至矣楊氏知風之自與呂氏舊本之說略同。龜山楊氏曰。世之流風。皆有所自。清之隘。和之不恭。知其自此。則君子不由也。○藍田呂氏曰。墨子兼愛。楊子為我。其始未有害也。其風之末則至於無君無父。而近於禽獸。伯夷之不屑就以爲清。柳下惠之不屑去以爲和。其風之末不免乎隘與不恭。君子不由。則其端不可不慎也。故曰差之毫釐。繆以千里。其知風之自歟。而其取證又皆太遠。要當參取呂氏改本。去上聲其所謂見聞者。呂說見上而益以言語之得失。動作之是非。皆知其有所從來而不可不謹。則庶乎其可耳。以德輶如毛爲有德而未化。則又呂游之失也。龜山楊氏曰。德輶如毛。未至於無倫。猶有德也。而未化。非其至也。故上天之載無聲無臭然後爲至侯氏說多踈闊。惟以此章爲再叙入德成德之序者。獨爲得之也河東侯氏曰。自衣錦尚絅至無聲無臭至矣。子思再叙入德成德之序也

中庸或問終

讀論語孟子法此朱子采二程子說

程子曰新安陳氏曰程伯子諱顥字伯淳號明道先生叔子諱頤字正叔號伊川先生朱子先以明道伊川爲別次以伯子叔子爲別後以其學同其說同更不分別總稱程子河南人學者當以論語孟子爲本論語孟子既治則六經可不治而明矣朱子曰語孟工夫少得效多六經工夫多得效少○慶源輔氏曰今之治二書所患不精爾果能熟讀精思使其言皆出於吾之口使其意皆出於吾之心脉絡條理始終洞然而無纖芥隱昧不明之處則六經之言固可以類推而無不明也○新安陳氏曰既治之治去聲不治之治平聲按鄒晉昭曰此字本平聲借用乃爲去聲故陸氏於諸經中平聲者並無音去聲者乃音直吏反平聲者脩理其事方用其力也去聲者事有條理已見其效也今自此以後亦依陸氏例云○語孟既治學正識精由是而治六經根本正而易爲力矣非謂真可不必治而自明也讀書者當觀聖人所以作經之意與聖人所以用心

聖人之所以至於聖人。而吾之所以未至者。所以未得者。慶源輔氏曰。聖人作經之意。不過欲發明此理以曉人。其所以用心而至爲聖人者。則二書固無不具也。至於吾之所以未至聖人之地。未得聖人之心者。亦惟用心與二書背戾而不合耳。○陳氏曰。到經明後。方知得作經之意。識聖人之心體。方知他所以用處。○新安陳氏曰。當味五箇所以字以句句而求之。晝誦而味之。中夜而思之。平其心。易以豉反其氣。闕其疑。則聖人之意可見矣。朱子曰。平其心。只是放教虛平。易其氣。只是放教寬慢。闕其疑。只是莫去穿鑿。今人多要硬把捉教住。如何得有箇難理會處。便要刻畫百端討出來。枉費心力。少刻只說得自底。那裏可見聖人意。○陳氏曰。平其心者。是虛其心如衡之平。不可先立一箇定說。纔先把一說爲主於中。便如秤盤先加一星了。到秤物時如何得銖兩之正。易其氣者。欲見得聖人真意。時須是和平其氣。雍容和緩。自然而得之。乃能默契。○雲峯胡氏曰。讀聖人之書者。當知聖人所以用心。然非自平其心不可也。朱子易贊有曰。讀

易之法。先正其
心。意亦類此

又曰。凡看文字。須先曉其文義。然後可以求其意。未有不曉文義而見意者也

又曰。學者須將論語中諸弟子問處。便作自己問。聖人答處。便作今日耳聞。自然有得。朱子曰。孔門問答。曾子聞
得底話。顏子未必與聞。顏
子聞得底話。子貢未必與聞。今却合在論語一書。後世
學者。豈不幸事。但患自家不去用心。○新安陳氏曰。今
學者看程朱先生語録。皆當以此法看。雖孔孟復扶又
之。視問辭如出吾口。聽答辭如入吾耳反
生。不過以此教人。若能於語孟中深求玩味。將來涵養成甚生氣質。朱子曰。有人言理會得論語。便是孔子。理
會得七篇。便是孟子。初不以爲然。看來亦理
是如此。蓋論語中言語。眞能窮究極其纖悉無不透徹
如從孔子肚裏穿過。孔子肝肺盡知了。豈不是孔子。七

篇中言語真能窮究極其纖悉無不透徹如從孟子肚裏穿過孟子肝肺盡知了豈不是孟子○雲峯胡氏曰氣質得於有生之初此曰甚生氣質何也曰生來氣質有好有不好涵養成後生氣質無不好者此生字非自稟賦中來乃自學問變化中來也○新安陳氏曰學之功至愚者明柔者強偏駁者純粹不特能變化氣質謂無好氣質者今生出此好好氣質也

程子曰凡看語孟且須熟讀玩味須將聖人言語切己不可只作一場話說人只看得此二書切己終身儘多也

朱子曰論孟不可只道理會文義得了便了須子細玩味以身體之見前後晦明生熟不同方是切實○二書若便恁地讀過只一兩日可了若要將來做切己事玩味體察一日多看得數段或一兩段爾○讀論孟須是切己且如學而時習之切己看時曾時習與否句句如此求之則有益矣○或言看論語見得聖人言行極天理之實而無一毫人欲之妄學者之用功尤當極其實而不容有一毫之妄曰大綱也是如此然就裏面詳細

處須要十分透徹無一不盡○學者讀書須要將聖賢言語體之於身如克己復禮與出門如見大賓等事須就自家身上體看我實能克己與主敬行恕否件件如此方有益○慶源輔氏曰讀書者能將聖人言語切己體察則定無一枉費工夫一日當有一日之功若欲只做一場話說則是口耳之學耳

又曰論孟只剩石證反讀著陟略反語助辭下同便自意足學者須是玩味若以語言解著意便不足朱子曰讀書之法先要熟讀須是正看背看左看右看看得是了未可便說道是更須反覆玩味○論孟須是熟讀一一記放心下時時將來玩味久久自然貫通○慶源輔氏曰學者須是將聖人言語熟讀深思晝夜玩味則可以開發吾之知識日就高明涵養吾之德性日就廣大方始見得聖賢言近而指遠故其意思自然饜飫飽足若以語言解著則意便死於言下自然局促蹇淺而有拘虛不足之意

或問且將語孟緊要處看如何程子曰固是好但終是不

浹即協反洽耳朱子曰。聖人言語粗底做粗底理會。細底做細底理會。不消得揀擇。語孟恁地揀擇了。史書及世間粗底書。如何看得。○問龜山與范濟美言學者當以求仁爲要。曰。須要將一部論語粗粗細細齊理會過。自然有貫通處。却會得仁方好。近日學者病在好高。讀論語未問學而時習。便說一貫。讀孟子未言梁王問利。便說盡心。易未看六十四卦。便說繫辭。其解語孟和訓詁註在下面。要人精粗本末字字爲咀嚼過。○問論語莫也須揀箇緊要底看否。曰。不可。須從頭看。無精無粗無淺無深。且都玩味得熟。道理自然出。曰。讀書未見得切。須見之行事方切。曰。不然。且如論語第一便教人學。便是孝弟求仁。便戒人巧言令色。便三省也。可謂甚切。○論語中有緊要底。有泛說底。今且要著力緊要底。便是揀別。此最不可。若如此。則孟子一部可刪者多矣。聖賢言語粗說細說。皆著理會教透徹。蓋道體至廣至大。故有說得易處。說得難處。說得大處。說得小處。若不盡見。必定有窒礙處。○慶源輔氏曰。人纔只將二書緊要處看。便只是要求近功速效。與天理已不相似。所謂固是好者。蓋姑取其向學求道之意耳。正使其有近功速效。亦必至於偏枯蹇澁。豈復有優游厭飫貫

通浹洽之意

程子曰。孔子言語句句是自然。孟子言語句句是事實。

朱子曰。孔子言語。一似没緊要說出來。自是包含無限道理。無些滲漏。如云。道之以政。齊之以刑。道之以德。齊之以禮數句。孔子初不曾著氣力。只似没緊要說出來。自是委曲詳盡。說盡道理。若孟子便用著氣力。依文按本。據事實說。無限言語。方說得出。此所以爲聖賢之別也。○論語之書。蓋孔子大槩使人優游厭飫。涵泳諷味。孟子之書。大槩是要人探索力討。反己自求。故伊川曰。孔子句句是自然。孟子句句是事實。亦此意也。如論語所言出門如見大賓。使民如承大祭。非禮勿視聽言動之類。皆是存養底意思。孟子言性善。存心養性。見孺子入井之心。四端之發。若火始然。泉始達之類。皆是要體認得這心性下落。擴而充之。於此等語玩味。便自可見。○孔子教人。只言居處恭。執事敬。與人忠。含畜得意思在其中。使人自求之。到孟子便指出了性善。早不似聖人了。○論語多門弟子所集。故言語時有長長短短不類處。孟子疑自著之書。故首尾文字一體。無些子瑕疵。

不是自下手安得如此好若是門弟子集則其人亦甚高不可謂輒死不傳○論語不說心只說實事孟子說心後來遂有求心之病○問論語一書未嘗說一心字至孟子只管拈人心說來說去曰推是心曰求放心曰盡心曰赤子之心曰存心莫是孔門學者自知理會箇心故不待聖人苦口到孟子時世變既遠人才漸不如古故孟子極力與言要他從箇本原處理會否曰孔門雖不曾說心然答弟子問仁處非理會心而何仁即心也但當時不說箇心字耳○或云論語不如中庸曰只是一理若看得透方知無異論語是每日零碎問答譬如大海也是水一勺也是水所說千言萬語皆是一理須是透得推之其他道理皆通又曰聖賢所說只一般只是一箇擇善固執之論語則說學而時習之孟子則說明善誠身下得字各自精細真實工夫只一般須是知其所以不同方知其所謂同也○孟子所謂集義只是一箇是字孔子所謂思無邪只是一箇正字不是便非不正便邪聖賢教人只是求箇是底道理○孔子教人極直截孟子較費力孟子必要充廣孔子教人合下便有下手處○魯齋許氏曰先儒說出體用嘗謂孔孟未嘗言此及子細讀之每言無非有體有用者如忠告

而善道之。忠告。體也。善道之。用也。雖有善爲說辭者。無忠告之心。則不可。雖有忠告之心。不能善道之。則犯於許直不能入。又如居上不寬。爲禮不敬。臨喪不哀。寬敬哀。其體也。體立而後用行。無此三者。則夫所行之得失。與夫繁文末節。皆無足觀矣。程子謂學者當以論孟爲本。論孟既治。則六經可不治而明矣。聖人所以作經之意。必有定見。然後沛然無所疑。非後世牽合勉强所可擬也。程子於語孟中反覆致意。其旨深矣。有本有文。有體有用。聖人之言。無所偏滯。傳之萬世無弊。先儒讀書精察。見聖人立言之意

又曰。學者先讀論語孟子。如尺度權衡相似。以此去量度待洛反事物。自然見得長短輕重。朱子曰。語孟只熟讀玩味。道理自不難見。且如老蘇輩只讀二書。便翻繹得許多文章出來。譬如攻城。四面牢壯。只消攻得一面。破時這城便是自家底了。如今學者若先讀得語孟二書。十分透徹。其他書都不費力。觸處便見。○慶源輔氏曰。尺度可以量長短。權衡可以稱輕重。理義可以別是非。能知道。則何書不可讀。何理不可究。何事不可處哉。○新安陳氏曰。理義可以別

是非。如尺度可以量長短。權衡可以稱輕重也。

又曰。讀論語孟子而不知道。所謂雖多亦奚以爲。朱子曰。人之爲學。若不從文字上做工夫。又茫然不知下手處。若是字字而求。句句而論。不於身心上著切體認。則又何益。且如說我欲仁斯仁至矣。何故孔門許多弟子。聖人竟不曾以仁許之。雖顏子之賢。而尚不能不違於三月之後。聖人乃曰我欲斯至。盡亦於日用體驗。我若欲仁。其心如何。仁之至不至。其意又如何。又如說非禮勿視聽言動。盡亦每事省察。何者爲非禮。而吾又何以能勿視勿聽。若每日如此讀書。庶幾看得道理自我心而得。不爲徒言也。○慶源輔氏曰。讀語孟而不知道。則是口耳之學。未嘗著心玩味。未嘗至誠涵泳。未嘗切己體察也。故讀雖多。何益於事。

讀論語孟子法 畢

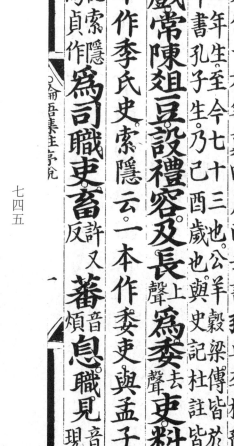

論語集註序說

史記世家曰。新安陳氏曰。司馬遷史記有孔子世家。朱子纂其要於此。孔子名丘。字仲尼。新安陳氏曰。孔子父禱於尼丘山而生孔子。故以爲名若字。其先宋人。孔子六世祖孔父嘉爲宋督所殺。紇遂遷于魯。父叔梁紇。下沒反母顏氏。名徵在。以魯襄公二十二年庚戌之歲十一月庚子生孔子於魯昌平鄉鄹邑。鄹側鳩反。新安倪氏曰。孔子之生。左氏春秋不書。但於哀公十六年夏四月己丑書孔丘卒。杜預註魯襄二十二年生。至今七十三也。公羊穀梁傳皆於襄公二十一年書孔子生。乃己酉歲也。與史記杜註皆不合。爲兒嬉戲。常陳俎豆。設禮容。及長。上聲爲委去聲吏。料量去聲平。委吏本作季氏史。索隱云。一本作委吏。與孟子合。今從之。史記索隱司馬貞作爲司職吏。畜許又反蕃音煩息。職見音現周禮牛人。讀爲樴。音特又餘式之式二反義與杙同。杙餘式反蓋繫養犧牲之所。此官即孟子所謂乘去聲田。雲峯胡氏曰。此以後多用論語證。以經證史也。此二事論語無所見。則證之孟子。亦以經證史也○周禮地官司徒上。牛人掌養國之公牛以待國之政令。凡祭祀共其享牛求牛。以授職人而芻之。注。享牛前祭一日之牛也。求牛禱於鬼神祈求福之牛也。職讀爲樴。樴謂之杙。可以繫牛。樴人者。謂牧人充人。與芻牲之芻。牛人擇於公牛之中。而以授養之。適周問禮於老子。問何以問禮於老子。朱子曰。老子曾爲柱下史。故知禮節文。所以孔子問之。聃雖知禮。然其意以爲不必盡行。行之反以多事。故欲絕滅之。旣反而弟子益進。昭公二十五年甲申。孔子年三十五。而昭公奔齊。魯亂。於是適齊爲高昭子齊大夫家臣。以通乎景公。有聞韶問政二事。公欲封以尼谿之田。晏嬰不可。公惑之。有季孟吾老之語問齊景公欲封孔子田。楚昭王欲封孔子地。晏嬰子西不可。使無晏嬰子西。則夫子還受之否。朱子曰。旣仕其國。則須有采地。受之可也。孔子遂行。反乎魯。定公元年壬辰。孔子年四十三。而季氏强僭。其臣陽虎作亂專政。故孔子不仕而退修詩書禮樂。弟子彌衆。九年庚子。孔子年五十一。公山不狃以費畔季氏。召孔子。欲往而卒不行。有答子路東周語朱子曰。聖人欲往。是當他召聖人之時有這些好意思來接聖人。聖人當時亦接他好意思。所以欲往。然他這箇人。終是不好底人。所以終不可去。如陰雨蔽翳。重結不解。忽然有一處略略開霽。雲收霧斂。見得青天白日。這些自是好定公以孔子爲中都宰。一年。四方則之。遂爲司空。又爲大司寇。十年辛丑。相去聲下同定公會齊侯于夾谷。齊人歸魯侵地。鄆汶陽龜陰之田十二年癸卯。使仲由爲季氏宰墮(許規反毀也下同)三都收其甲兵孟氏不肯墮成圍之不克(問成既不墮夫子如何別無處置了便休朱子曰不久夫子亦去魯矣若使聖人久爲之亦須別有箇道理)十四年乙巳孔子年五十六攝行相事誅少(去聲)正卯與(音預)聞國政三月魯國大治(去聲)齊人歸女樂以沮(在呂反止也)之季桓子受之郊又不致膰(音煩祭祀餘肉也)俎於大夫孔子行(魯世家以此以上皆爲十二年事問設若魯亦致膰於大夫則夫子果止乎朱子曰也須去只是不若此之速必須別討一箇事故去○胡氏曰是時政在季氏夫子攝行相事而已非爲相也與聞國政而已非爲政也定公素不能立季孫既有所惑其不足與有爲可知也故不容於不行)適衛主於子路妻兄顏濁鄒家(孟子作顏讎由)適陳過匡匡人以爲陽虎而拘之(有顏淵後及文王既

沒之語既解還衛主蘧伯玉家見南子有矢子路及未見好德之語去適宋司馬桓魋欲殺之有天生德語及微服過宋事又去適陳主司城貞子家居三歲而反于衛靈公不能用有三年有成之語晉趙氏家臣佛肸以中年畔召孔子孔子欲往亦不果有答子路堅白語及荷蕢過門事朱子曰夫子於公山氏之召却真箇要去做於佛肸之召但謂其不能浼我而已將西見趙簡子至河而反又主蘧伯玉家靈公問陳不對而行復扶又反如陳據論語則絶糧當在此時季桓子卒遺言謂康子必召孔子其臣止之康子乃召冉求史記以論語歸與之歎爲在此時又以孟子所記歎詞爲主

司城貞子時語。疑不然。蓋語孟所記本皆此一時語。而所記有異同耳。孔子如蔡及葉。失涉反有葉公問答子路不對。沮溺耦耕荷篠丈人等事。史記云。於是楚昭王使人聘孔子。孔子將往拜禮。而陳蔡大夫發徒圍之。故孔子絶糧於陳蔡之間。有愠見及告子貢一貫之語。按是時陳蔡臣服於楚。若楚王來聘孔子。陳蔡大夫安敢圍之。且據論語絶糧當在去衛如陳之時。楚昭王將以書社地封孔子。令尹子西不可。乃止。史記云。書社地七百里。恐無此理。時則有擯輿之歌。新安陳氏曰。索隱云。古者二十五家爲里。里各立社。則書社者。書其社之人名於籍。蓋以七百里書社之人封孔子也。故冉求云。雖累千社而夫子不利是也。

饒氏云。書社。猶今人所謂書會也。蓋卿大夫所當得底地。謂之采地。如這箇却是君之所特與。故謂之書社地。言以此養其徒也。便如齊王欲中國授孟子室。養弟子以萬鍾相似。又反乎衛。時靈公已卒。衛君輒欲得孔子爲政。有魯衛兄弟及荅子貢夷齊子路正名之語。而冉求爲季氏將。去聲與齊戰有功。康子乃召孔子。而孔子歸魯。實哀公之十一年丁巳。而孔子年六十八矣。有對哀公及康子語。雲峯胡氏曰。讀此者要看太史公書法。又要看文公刪後書法。如孔子在他國。皆不書年若干。惟他國反魯。及在魯。則歷歷書之。豈以在他國。則歲月無所考。故不書邪。然去魯適陳。太史公書曰是歲魯哀公三年。而孔子年六十矣。又自楚反衛。太史公書曰是歲也。孔子年六十三。而魯哀公六年也。文公皆刪之。至孔子晚年歸魯。文公乃特書曰實哀公之十一年丁巳。而孔子年六十八矣。言外慨歎之意。於書法可見也。然魯終不能用孔子。孔子亦不求仕。問孔子當周衰時可以有爲否。朱子曰。聖人無不可爲之時也。便若時節變。聖人又自處之不同。問孔子豈不知時君必不能用已。曰。聖人豈有逆料君能用我與否。到得後來說不復夢見周公。與吾已矣夫。聖人自知其不可爲矣乃敘書傳去聲禮記。有杞宋損益從周等語刪詩正樂。有語太師及樂正之語。序易彖繫象說卦文言。有假我數年之語。弟子蓋三千焉。身通六藝者七十二人。弟子顏回最賢。蚤死。後唯曾參得傳孔子之道。十四年庚申。魯西狩獲麟。有莫我知之歎。孔子作春秋。有知我罪我等語。論語請討陳恒事。亦在是年。明年辛酉。子路死於衛。十六年壬戌。四月己丑。孔子卒。年七十三。葬魯城北泗上。弟子皆服心喪三年而去。惟子貢廬於

家上。凡六年。孔子生鯉。字伯魚。先卒。伯魚生伋。音急。字子思。作中庸。子思學於曾子。而孟子受業子思之門人

何氏曰。何氏。名晏。字平叔。魏南陽人 魯論語二十篇。齊論語別有問王知道。凡二十二篇。其二十篇中。章句頗多於魯論。古論出孔氏壁中。分堯曰下章子張問以爲一篇。有兩子張。凡二十一篇。篇次不與齊魯論同。或問。今之論語。其魯論與。朱子曰。以何晏所敘篇數考之。則信爲魯論矣。但據釋文。則其文字亦或有不同者。如以必爲瓜之類。豈何氏亦若鄭註就魯論篇章。而又雜以齊古之文與。然唐藝文志已不載齊古篇目。陸氏蓋於諸家說中得之耳

程子曰。論語之書。成於有子曾子之門人。故其書獨二子以子稱。程子曰。論語爲書。傳道立言。深得聖人之學者矣。如鄉黨形容聖人。不知者豈能若是。○問論

語以何爲要。曰。要在知仁。孔子說仁處最宜玩味。曰。孔子說仁處甚多。尤的當是何語。曰。皆的當。但其門人所至有不同。故其答之亦異。○朱子曰。程子之說。蓋出於柳宗元。其言曰。諸儒皆以論語孔子弟子所記。不然也。孔子弟子曾參最少。又老乃死。而是書記其將死之言。則其去弟子之時甚遠。而當時弟子畧無存者矣。吾意孔子弟子嘗雜記其言。而卒成其書者曾子弟子樂正子春子思之徒也。故是書之記諸弟子必以字。而曾子不然。蓋其弟子號之云爾。而有子亦稱子者。孔子之殁。諸弟子嘗以似夫子而師之。後乃叱避而退。則固嘗有師之號矣。凡此柳氏之言。其論曾子者得之。而有子叱避之說。則史氏之鄙陋無稽。而柳氏惑焉。以孟子攷之。當時既以曾子不可而寢其議。有子曷嘗據孔子之位而有其號哉。故程子特因柳氏之言。斷而裁之以爲此說。此所以不著柳說。而獨以程子爲據也。楊氏又謂此書首記孔子之言。而以二子之言次之。蓋其尊之亞於夫子。尤爲明驗。至於閔損冉求亦或稱子。則因其門人所記而失之不革也歟。

程子曰。讀論語有讀了全然無事者。有讀了後其中得一兩句喜者有讀了後知好去聲之者有讀了後直有不知手之舞之足之蹈之者程子曰論語之書其辭近其指遠辭有盡指無窮有盡者可索之於訓詁無窮者要當會之以神譬諸觀人昔日識其面今日識其心在我則改容更貌矣人則猶故也坐是故難讀蓋不學操縵不能安弦不學博依不能安詩不學雜服不能安禮惟近似者易入也彼其道高深博厚不可涯涘也如此儻以童心淺智窺之豈不大有逕庭乎方其脅肩諂笑以言餂人者讀之謂巧言令色寧病仁未能素貧賤而恥惡衣惡食者讀之豈知飯蔬飲水曲肱而枕之未妨吾樂注心於利未得已不已而有顛宜之患者讀之孰知不義之富貴真如浮雲誨爾諄諄聽我藐藐者讀之孰知回不惰師書紳爲至誠服膺過此而往益高益深可勝數哉○朱子曰學者須著實循序讀書以論語爲先一日只看一二段莫問精粗難易但只從頭看將去讀而未曉則思思而未曉則讀反覆玩味久之必自有得矣今學者於論語二十篇中尚不耐煩看得之況所謂死而後已者又豈能辨得如此長遠工夫耶○慶源輔氏曰嗜之而飽饜充足其樂有不

可形容者。是以見於手舞足蹈也。○雲峯胡氏曰。讀論語者有此四等人。初是全無知者。第二是畧能知者。第三是知而好之者。第四是好而樂之者

程子曰。今人不會讀書。如讀論語。未讀時是此等人。讀了後又只是此等人。便是不曾讀程子曰。讀論語須有疑。然後能進。今人讀書元不知疑。所以不及古人。孔門弟子如子夏問巧笑倩兮美目盼兮。直推至於禮後。樊遲問仁知。直推至於舉皋陶伊尹。而不仁者遠。始能無疑。今人多於言上認了。又安能疑。○問論語如何讀。曰。這也使急不得也。不可慢。所謂急不得者。功效不可急。所謂不可慢者。工夫不可慢。○慶源輔氏曰。程子言雖近而意則切。使讀書者自知所以求益。不至虛費工夫也。須是熟讀涵泳。使之通貫浹洽。然後有日新之功。如是則氣質變化。月異而歲不同矣

程子曰。頤自十七八讀論語。當時已曉文義。讀之愈久。但

覺意味深長和靖尹氏曰。論語之書。適集記孔子嘉言善行。苟能即其問答。如己親炙于聖人之門。默識心受而躬行之。則可謂善學矣。○延平李氏曰。人之持身當以孔子爲法。孔子相去千餘載。既不可得而親之。所可見者獨論語耳。論語蓋當時門人弟子所記孔子言行也。每讀而味之。玩而繹之。推而行之。雖未至升堂入室。亦不失爲上君子也。○朱子曰。所謂深長意味也。別無說。只是涵泳久自見得。○論語讀著越見意思無窮。今日讀得些意思。明日讀又長得意思。

◯朱子曰。論語中程先生及和靖說。只於本文添一兩字。甚平淡。然意味深長。須當子細看。要見得他意味方好。已下論解論語○問謝氏說多過不如楊氏說最實。曰。尹氏語言最實。亦多是處。但看文字亦不可如此先懷權斷於胷中。如謝氏說十分有九分過處。其間亦有一分說得恰好處。豈可先立定說。今且須虛心玩理。○集註中解有兩說相似而少異者。亦要相資。有說全別者。是未定也。○論語集註如秤上稱來無異。不高些。不底些。自是學者不肯用工看。○問集註有兩存者。何者爲長。曰。使其見得長底時。豈復存其短底。只爲是二說皆通。故并存之。然必有一說合得聖人之本意。但不可知爾。又曰。大率兩說。前一說勝。○其於論孟逐字秤等不教偏些小。學者將註處宜子細看。○集註添一字不得。減一字不得。不多一箇字。不少一箇字。○讀集註只是要看無一字閑。若意裏說做閑字。那箇正是緊要字。○集註至于訓詁。皆子細者。蓋要人字字思索到。莫要只作等閑看便了。○問註或用者字。或用謂字。或用猶字。或直言。其輕重之意如何。曰。者謂是憑地。直言者直訓如此。猶云者猶是如此。胡氏曰。某。某也。正訓也。某。猶某也。無正訓。借彼以明此也。某之爲言某也。前無訓釋特發此以明其義也。爲言。謂其說如此也。引經傳文以證者。此字義不可以常訓通也○集註於正文之下。正解說字訓文義。與聖經正意。如諸家之說有切當明白者。即引用而不沒其姓名。如學而首章先尹氏而後程子。亦只是順正文解下來。非有高下去取也。章末用圈而列諸家之說者。或文外之意而於正文有所發明。不容畧去。或通論一章之意。反覆其說切要而不可不知也○集註內載前輩之說於下句者。是解此句文義。載前輩之說於章後者。是說一章之大旨及反覆此章之餘意。胡氏曰。字義難明者。各有訓釋。一章意義可以分斷者。逐節註之。一章之後又合諸節而通言之。欲學者先明逐字文義。然後明逐節旨意。然後通一章之旨意也。每章只發本章之旨者附註後，或因發聖人言外之意者別爲一段以附其後。亦欲學者先明本旨而後及之也

論語集註序說畢

論語集註大全卷之一

學而第一

此爲書之首篇。故所記多務本之意。朱子曰。此一篇都是先說一箇根本○胡氏曰。此篇首取其切於學者記之。故以爲多務本之意○新安陳氏曰。揭君子務本一句以爲首篇之要領。此說本於游氏。朱子已采入賢賢易色章下。於此又首標之。如首章以時習爲本。次章以孝弟爲爲仁之本。三章以忠信爲傳習之本。道千乘章以五者爲治國之本。皆是。餘可以類推乃入道之門。積德之基。學者之先務也。凡十六章。慶源輔氏曰。道者人之所共由。必有所從入。德雖在我之所自得。必積而後成。凡此篇所論務本之事。乃道所從入之門。而德所積累之基。學者必先務此。然後道可入而德可積矣○朱子曰。學而篇名也。取篇首兩字爲別。初無意義。但學之爲義。則讀此書者不可以不先講也。夫學也者以字義言之則己之未知未能而效夫知之能之之謂也以事理言之則凡未至而求至者皆謂之學雖稼圃射御之微亦曰學配其事而名之也而此學獨專之則所謂學者果何學也蓋始乎爲士者所以學而至乎聖人之事伊川先生所謂儒者之學是也蓋伊川先生之意曰今之學者有三詞章之學也訓詁之學也儒者之學也欲通道則舍儒者之學不可尹侍講所謂學者所以學爲人也學而至於聖人亦不過盡爲人之道而已此皆切要之言也夫子之所志顏子之所學子思孟子之所傳盡在此書而此篇所明又學之本故學者不可以不盡心焉○今讀論語且熟讀學而一篇若明得一篇其餘自然易曉○學而篇皆是先言自脩而後親師友有朋自遠方來在時習之後而親仁在入孝出弟之後就有道而正焉在食無求飽居無求安之後毋友不如己者在不重則不威之後今人都不去自脩只是專靠師友說話○覺軒蔡氏曰學而名篇專以學言而所謂學者果何所學耶朱子首發明學之本惟在全其本性之善而已

子曰。學而時習之，不亦說乎。說悅同

學之爲言效也。人性皆善，而覺有先後，後覺者必效先覺之所爲，乃可以明善而復其初也。朱子曰：學之一字實兼致知力行而言。問：學之爲言效也，效字所包甚廣。曰：正是如此，博學、審問、謹思、明辨、篤行，皆學之事。○勉齋黄氏曰：集註言學，而或問以知與能並言，何也？曰：言人之效學於人有此二者。先覺之人於天下之理該洽貫通，而吾懵然未有所知也，於是日聽其議論，而向之未知者始有所知矣。先覺之人於天下之事躬行實踐，而吾倀然未有所能也，於是日觀其作爲，而向之未能者始能矣。大抵讀書窮理，要當盡聖賢之意，備事物之情，非吾好爲是詳複也，理當然也。世之學者意念苟且，思慮輕淺，得其一隅便以爲足，則其爲疎率也亦甚矣。學者觀於此，亦足以得養心窮理之要矣。曰：若是，則學之爲言固無所不學也。今集註於此乃以爲人性皆善，必學而後能明善而復其初，何也？曰：學問之道固多端矣，然其歸在於全其本性之善而已。明善謂明天下之理，復其初則復其本然之善也。於論語之首章首舉是以爲言。其提綱挈領而示人之意深矣。○雲峯胡氏曰。人性皆善。天命之性也。覺有先後。氣質之性也。必效先覺之所爲。或以所爲所行殊。不知汝爲周南召南集註曰。爲猶學也。論語曰。爲之不厭。孟子記夫子之言曰。學不厭。是以學字代爲字。集註於十五志學下曰。念念在此而爲之不厭。是以爲字釋學字。此曰效先覺之所爲。猶曰學先覺之所學也。大學章句釋明明德曰。學者當因其所發而遂明之以復其初。此曰明善而復其初。是包大學許多工夫。說物格知至。即是明明善。意誠心正身脩。即是復其初。○新安陳氏曰。此論語中第一箇學字。朱子挈要指以示人。後覺者必效先覺之所爲。所爲不過知行二者。效先覺之致知以知此理。又效先覺之力行以行此理。乃可以明善而復其初矣。明善者。明本性之善。以知言也。復其初者。復全本性之善。以行言也。學之道固多端。其要歸在復全本性之善而已。朱子所謂以己之未知而效夫知者以求其知。以己之未能而效夫能者以求其能。皆學之事也。能指行而言。知行皆從性分上用工。

習。鳥數音朔。下同飛也。學之不已。如鳥數飛也。朱子曰。說文習字從羽。從

白月令所謂鷹乃學習是也○學是未理會得時便去
學。習是已學了又去重學。非是學得了頓放在一處。却
又去習也。只是一件事。如鳥數飛。只是飛了又飛○問
學是知。習是行否。曰。知自有知底學。自有知底習。行自
有行底學。自有行底習。如小兒寫字。知得字合恁地寫。
這是學。便須將心思量安排。這是習。待將筆去寫成幾
箇字。這是行底學。今日寫一紙。明日寫一紙。又明日寫
一紙。這是行底習。人於知上不習。便要去行。如何得。人
於知上不習。非獨是知得不分曉。終不能有諸己○學
而時習之。此是論語第一句。句中五字雖有輕重虛實
之不同。然字字皆有意味。無一字無下落。學之爲言效
也。以己有所未知未能而效夫知者能者以求其知能
之謂也。而字承上起下之辭也。時者。無時而不然也。習
者。重複温習也。之者。指其所知之理。所能之事而言也。
言人既學矣。而又時時温習其所知之理。所能之事也。
聖言雖約。而其指意曲折深密而無窮。蓋如此。聖人之
學與俗學不同。聖人教人讀書。只要知所以爲學之道。
俗學讀書。便只是讀書。更不理會爲學之道是如何○
未知未能而求知求能之謂學。已知已能而行之不已
之謂習○胡氏曰。學之不已者。學與習非二事也○厚

齋馮氏曰。習鳥鷇欲離巢而學飛之稱。學謂學之於己。習謂習其所學。時時而習。恐其忘也。凡曰而者上下二義。學一義也。習一義也。

說。喜意也。既學而又時時習之。則所學者熟。而中心喜說。其進自不能已矣。朱子曰。學要時習。習到熟後自然說喜。不能自已。今人所以便住了。只是不曾習。不見得好。此一句却係切己用功處。○學矣而不習。則表裏扞格。而無以致其學之之道。習矣而不時。則工夫間斷。而無以成其習之之功。是其胷中雖欲勉焉以自進。亦且枯燥生澁而無可嗜之味。危殆杌隉而無可即之安矣。故既學矣。又必以時習之。則其心與理相涵。而所知者益精。身與事相安。而所能者益固。從容於朝夕俯仰之中。凡其所學而知且能者。必有自得於心而不能以語人者。是其中心油然悅懌之味。雖芻豢之悅於口。不足以喻其美矣。此學之始也。○學到說時。已是進了一步。只說後便自住不得

程子曰。習。重平聲習也。雙峯饒氏曰。習字訓重。故重險謂之習坎。時復扶又反思繹。浹洽於中。則說也。朱子曰。浹洽二字有深意。如浸物於水。水若未入。只

是外面濕。內面依然乾。必浸之久。則透裏皆濕。習而熟。熟而說。脉絡貫通。程子所謂浹洽是也。○南軒張氏曰。學貴於時習。程子曰。時復思繹。言學者之於義理。當時紬繹其端緒而涵泳之也 又曰。學者將以行之也。時習之。則所學者在我。故悅。雲峯胡氏曰。時復思繹。則習於心。將以行之。則習於身。○新安陳氏曰。上一條以知言。此一條以行言。采程子二說。以見學習當兼知行言也

謝氏名良佐。字顯道。上蔡人曰。時習者。無時而不習。坐如尸。坐時習也。立如齊。莊皆反立時習也。勿軒熊氏曰。坐如尸。立如齊。出記曲禮。如尸註曰。視貌正。如齊註曰。磬耳聽。謂祭祀時。○朱子曰。伊川之說則專在思索而無力行之功。如上蔡之說則專於力行而廢講究之義。似皆偏了。○新安陳氏曰。程子二條說學習。兼知行言。謝氏此條。惟以時習於行言。亦姑以坐立起例。非止謂坐立時也。其言時字。亦與時時之意異。朱子姑采以備一說耳

有朋自遠方來。不亦樂乎樂音洛

朋同類也。自遠方來則近者可知。程子曰。以善及人而信從者衆。故可樂。朱子曰。理義人心所同然。非有我之得私也。吾獨得之。雖足以說矣。然告人而莫信。率人而莫從。是獨擅此理而人不得與於吾心之所同也。如十人同食。一人獨飽。而九人不下咽。吾之所說雖深。亦曷能達於外邪。今吾之學足以及人。而信從者又衆。則將皆有以得其心之所同然者。而吾之所得不獨爲一己之私矣。吾之所知。彼亦知之。吾之所能彼亦能之。則其懽欣宣暢。雖宮商相宣。律呂諧和。何足以方其樂哉。此學之中也。又曰。近者既至。遠者畢來。以學於吾之所學。而求以復其初。凡吾之所得而悅於心者。彼亦將有以得而悅之。則可以見夫性者萬物之一原。信乎其立必俱立。成不獨成矣。○善不是自家獨有。人皆有之。我習而自得。未能及人。雖悅未樂。○問以善及人而信從者衆。是樂其善之可以及人乎。是樂其信從者衆乎。曰。樂其信從者衆也。大抵私小底人。或有所見則不肯告人。持以自多。君子存心廣大。己有所得足以及人。若己能之。以教諸人。而人不能。是多少可悶。今既信從者自遠而至。其衆如是。安得不樂。○信從者衆足以驗己之有得。然己既有得。何待人之信從始爲可樂。須知己之有得。亦欲他人之皆得。然信從者但一二。亦未能愜吾之意。至於信從者衆。則豈不可樂。○問朋來之樂柰何。曰。惟以程子之言求之。然後見夫可樂之實耳。且其以善及人而信從者衆之云纔九字爾。而無一字之虛設也。非見之明而驗之實。其孰能與於此○南軒張氏曰。有朋自遠方來。則己之善得以及人。而人之善有以資己。講習相資。其樂孰尚焉。樂比於說爲發舒也。○新安陳氏曰。以善之善。卽上一節人性皆善及明善之善。習說則善方成己。朋來則善方及人矣

又曰。說在心。樂主發散在外。朱子曰。程子非以樂爲在外也。以爲積滿乎中而發越乎外耳。悅則方得於內而未能達於外也。○說是感於外而發於中。樂則充於中而溢於外。○慶源輔氏曰。說是自知自能而自悅。樂是人皆知皆能而我與人同樂。○雙峯饒氏曰。說與樂皆是在中底。今此樂字對上文說字而言。則是主發散在外言之

人不知而不慍。不亦君子乎。慍紆問反

慍，含怒意。君子，成德之名。尹氏名焞，字彥明，河南人。曰：學在己，知不知在人，何慍之有。朱子曰：有朋自遠方來而樂者，天下之公也。人不知而慍者，一己之私也。以善及人而信從者衆，則樂。不己知，則不慍。樂慍在物，不在己，至公而不私也。○新安陳氏曰：己誠有所學，人之知不知何加損於己。朱子云：爲學是爲己當然之事，譬如喫飯，乃是要自家飽，既飽何必問外人知不知。蓋與人初不相關也。尹氏解此一節正意，故居先。○雙峯饒氏曰：朋是專主同類人，兼指衆人。上而君大夫亦是

程子曰：雖樂於及人，不見是而無悶，乃所謂君子。朱子曰：樂公而慍私。君子有公共之樂，無私己之慍。○雙峯饒氏曰：說之深，然後能樂；樂之深，然後能不慍。○雲峯胡氏曰：說是喜意，慍是含怒意。喜怒樂三者皆情也，皆性之發也。能復其性之善，而情無不善，學習之功大矣。○新安陳氏曰：不見是而無悶，出易乾文言。不見是於人，而無悶於心，引此語解不知不慍甚切。此條聯樂與不慍言，故居尹說之後。愚謂及人而樂者順而易，去聲不知而不慍者

逆而難故惟成德者能之問稍知爲己則人知不知自不相干何以言逆而難朱子曰人待己平平亦不覺但被人做全不足比數看待心便是便不甘便是慍慍不是大故忿怒只心有些不平便是慍便是裏面動了○人不見知處之泰然略無纖芥不平之意非成德之君子其孰能之此學之終也○今人有一善便欲人知不知則便有不樂之意不特此也見人有善而人或不知之初不干己事而亦爲不平況其不知己乎此不知不慍所以難也○問不慍之說孰爲得曰程子得之至論其所以然者則尹氏爲尤切使人之始學即知是說以立其心則庶乎其無慕於外矣○覺軒蔡氏曰程子謂不見是而無悶乃所謂君子是不慍然後君子也朱子謂惟成德者能之則是君子然後不慍以悅樂兩句例之則須如程子之說朱子非正解本句特統而論之耳所以繼於尹氏程子之後○慶源輔氏曰順謂理之順逆謂理之逆曰順曰逆皆理也但處其順者易故及人而樂者猶可及處其逆者難故然不見是而無悶非成德之士安土樂天者不能及也

德之所以成亦曰學之正習之熟說之深而不已焉耳

問集註言君子而復歸於學之正習之熟說之深何也勉齋黄氏曰。學而至於成德。又豈有他道哉。其所自來者。亦不過是而已。非體之之實。孰能知之哉○慶源輔氏曰。此章總言始學始終三者之序。有淺深而無二道也。又慮夫敏者躐等而進。怠者半塗而止。昧者又或離析以求之。或失其正而陷於異端。故復發此義而使之正其始之所學。然後時習以熟之。則夫說之與樂可以馴致。初不待外求而得也。又曰。不極其至則無以成其德。故又以此說終之○雙峯饒氏曰。集註謂德之所以成。亦在乎學之正。習之熟。說之深而不已焉。此言極有意味○此章六句。其工夫只在第一句上。其餘五句皆是效驗○雲峯胡氏曰。此章重在第一節。而第一句時習二字最重。故上文釋習字曰學之不已。此曰學之正。習之熟。說之深。而又曰不已焉。於此見朱子喫緊教人處○新安陳氏曰。此推本所以爲成德之由。不過自學習說中來。然學必貴乎正。習必貴乎熟。說必貴乎深。而又加以不已焉。學之時習而說。乃後二節之本。亦務本之意

○程子曰。樂由說而後得。非樂不足以語君子。朱子曰。惟樂後方能進步。不樂則何道以爲君子○新安陳氏曰。集

註凡推說本章正意外之餘意必加一圈以間隔之此又以三節下三句發明餘意也必由成已之說方可進於及人之樂然非造於樂之地步又不足以言成德君子也夫學者所以學爲君子學由說以進於樂而至於能爲君子學之能事畢矣朱子云論語首曰學而時習之至不亦君子乎終曰不知命無以爲君子此深有意蓋首篇首章末篇末章皆拳拳以君子望學者宜乎朱子以爲深有意焉

○有子曰其爲人也孝弟而好犯上者鮮矣不好犯上而好作亂者未之有也弟好皆去聲鮮上聲下同

有子孔子弟子名若魯人善事父母爲孝善事兄長上聲爲弟新安陳氏曰深意在善字上善事之中有無限難能之事未易言也犯上謂干犯在上之人朱子曰只少有拂戾便是犯上不必至凌犯乃爲犯如疾行先長亦是犯上○干犯是小底亂到得作亂則爲悖逆爭鬬之事矣問人子之諫父母或貽父母之怒此不爲干犯否曰此是孝裏面事安得爲犯然

諫時又自下氣怡色柔聲以諫，亦非凌犯也。鮮，少也。作亂則爲悖音佩逆爭鬬之事矣。此言人能孝弟，則其心和順，少好犯上，必不好作亂也。

君子務本，本立而道生。孝弟也者，其爲仁之本與平聲！

務，專力也。慶源輔氏曰：專用其力而爲之也。本，猶根也。仁者，愛之理，心之德也。爲仁，猶曰行仁。與者，疑辭，謙退不敢質言也。朱子曰：仁者，愛之理，是偏言則一事；心之德，是專言則包四者。故合而言之，則四者心之德，而仁爲之主；分而言之，則仁是愛之理，義是宜之理，禮是恭敬辭讓之理，智是分別是非之理也。仁者，愛之理。理是根，愛是苗。仁之愛猶糖之甜，醋之酸，愛是那滋味。愛雖是情，愛之理是仁也。仁者，愛之理；愛者，仁之事。仁者，愛之體；愛者，仁之用。愛之理自仁出也，然亦不可離了愛去說仁。昌黎博愛之謂仁，是指情爲性了。周子說德愛曰仁，猶說惻隱之心。仁之端也。是就愛處指出仁。若博愛之謂仁之謂便是把博愛做仁了。○仁便是本。仁更無本了。若說孝弟是仁之本。則頭上安頭。伊川所以將爲字屬仁字讀。蓋孝弟是仁裏面發出來底。乃推行仁道之本自此始爾。仁字則流通該貫。不專主於孝弟之一事也。仁就性上說。孝弟就事上說。仁如水之源。孝弟是水流底第一坎。仁民是第二坎。愛物是第三坎也。問爲仁只是推行仁愛以及物否。曰只是推仁愛以及物。不是就這上求仁德。○勉齋黄氏曰。人之一心。虛靈洞徹。所具之理。乃所謂德也。於虛靈洞徹之中有理存焉。此心之德也。乃所謂仁也。義禮智亦心之德。而獨歸之仁。何也。義禮智者德之一端。而仁者德之全體。以仁能包四者。故心德之名獨仁足以當之也。故仁之爲德偏言之則與義禮智相對。而所主惟一事。專言之則不及義禮智而四者無不包也。○諸葛氏泰曰。泥愛字則不知仁之體。捨愛字則不知仁之用。故即理以明躰。于以見理具於愛之所未發。即愛以明用。于以見愛本於仁之所發見。無躰何以有用。無仁何以能愛。因愛心之形而指其在中之理。故曰愛之理。集註於孟子首章又倒置其語曰。仁者心之德。愛之理。何也。論語言爲仁是以偏言者言之。故以愛之理在先孟子兼言仁義則以專言者言之故以心之德在先然亦互相發明而非有二也言君子凡事專用力於根本根本既立則其道自生朱子曰務本道生是泛言以起下句之實所以集註下一凡字○本立則道隨事而生如事親孝故忠可移於君事兄弟故順可移於長若上文所謂孝弟乃是爲仁之本學者務此則仁道自此而生也朱子曰其爲人也孝弟此說資質好底人其心和順柔遜必不好犯上仁便從此生○雲峯胡氏曰上文是泛言爲仁此節則專言君子本立而道生又是泛言君子之於凡事皆用力於根本孝弟爲爲仁之本又言君子之行仁孝弟爲之本○程子曰孝弟順德也故不好犯上豈復扶又反有逆理亂常之事雙峯饒氏曰孝弟順德也犯上是小不順底事作亂是大不順底事德有本本立則其道充大孝弟行於家而後仁愛及於物所謂親親而仁民也故爲仁以孝弟爲

本。新安陳氏曰。以上解此章正意。下句別是一意。又推本言之。論性則以仁爲孝弟之本。或問孝弟爲仁之本。此是由孝弟可以至仁否。曰。非也。朱子曰。仁不可言至。仁是義理。不是地位。地位可言至。謂行仁自孝弟始。孝弟是仁之一事。謂之行仁之本則可。謂是仁之本則不可。蓋仁是性也。孝弟是用也。性中只有箇仁義禮智四者而已。曷嘗有孝弟來。然仁主於愛。愛莫大於愛親。故曰孝弟也者。其爲仁之本與。程子曰。孝弟也者。其爲仁之本與。非謂孝弟即是仁之本。蓋謂爲仁之本當以孝弟。猶忠恕之爲道也。○朱子曰。爲仁以孝弟爲本。事之本。守之本之類是也。論性則以仁爲孝弟之本。天下之大本之類是也。爲仁以孝弟爲本。仁字是指其周徧及物者言之。以仁爲孝弟之本。仁字是指其本躰發用處言之。二程子釋經非諸儒所能及。伯子曰。孝弟本其所以生。乃爲仁之本。此語最

深切。蓋推原孝弟之理，本於父母之所以生。所以爲行
仁之本也。叔子曰：孝弟順德也。順德二字，足以盡孝弟
之義。而不好犯上作亂之意已具乎其中矣。讀者不可
以不深思也。性中只有仁義禮智四者，曷嘗有孝弟來？
此語亦要躰會得是。蓋天下無性外之物，豈性外別有
一物名孝弟乎。但方在性中，則但見仁義禮智四者而
已。仁便包攝了孝弟。凡慈愛惻隱皆在所包，固不止孝弟
也。猶天地一元之氣，只有水火木金土。言水而不曰江淮
河濟；言木而不曰梧檟樲棘。非有彼而無此也。○問：孝
弟是爲仁之本，義禮智之本如何？曰：義禮智之本皆在
此。使事親從兄得宜者，行義之本也；事親從兄有節文
者，行禮之本也；知事親從兄所以然者，智之本也。○孝
弟固具於仁，以其先發，故是行仁之本。○仁是理之在
心，孝弟是心之見於事。性中只有箇仁義禮智，曷嘗有
孝弟。見於愛親，便喚做孝；見於事兄，便喚做弟。如親親
而仁民，仁民而愛物，都是仁。性中何嘗有許多般，只有
箇仁。自親親至於愛物，乃是行仁之事，非是仁之本也。
故仁是孝弟之本，推之則義爲羞惡之本，禮爲恭敬之
本，智爲是非之本。自古聖賢相傳，只是理會一箇心。心
是一箇性。性只有箇仁義禮智，都無許多般樣。見於事

自有許多般樣○性中只有仁義禮智而孝弟本出於此
仁。論爲仁之工夫。則孝弟是仁中之最切緊處。當務此
以立本而仁道生也○孝弟是合當底事不是要仁民
愛物方從孝弟做去。或問如草木之有根方始枝葉繁
茂曰。固是但有根本則枝葉自然繁茂不是要得枝葉
繁茂方始去培植本根○問爲仁以孝弟爲本即所謂
親親而仁民仁民而愛物孩提之童無不知愛其親及
其長也無不知敬其兄是皆發於心德之自然故論性
以仁爲孝弟之本爲仁以孝弟爲本曰是道理都自仁
裏發出首先是發出爲愛愛莫切於愛親其次便到弟
其兄又其次便到事君以及於他皆從這裏出如水相
似愛是箇源頭漸漸流出○仁是性發出來是情便是
孝弟孝弟仁之用以至仁民愛物只是這箇仁行仁自
孝弟始便是從裏面行將去這只是一箇物事○仁是
性孝弟是用譬如一粒粟生出爲苗仁是粟孝弟是苗
便是仁爲孝弟之本又如木有根有榦有枝葉親親是
根仁民是榦愛物是枝葉便是行仁以孝弟爲本○問
子於有子孝弟之章既以仁爲愛之理矣於巧言令色
鮮矣仁之章又以爲心之德何哉曰仁者五常之首也
而包四者惻隱仁之緒也而貫四端故仁之爲義偏言

之則曰愛之理。此章所言之類是也。專言之則曰心之德。後章所言之類是也。其實愛之理。所以爲心之德。○問既曰本猶根也。然則孝弟爲仁之本。仁爲孝弟之本。同乎否乎。慶源輔氏曰。本之爲根則同。而其所以爲根則異。行仁以孝弟爲根。以其施於外者言也。論性以仁爲孝弟之根。以其發於内者言也。行仁不以孝弟爲根。則其施無序。而無以極夫仁民愛物之效。論性而不以仁爲孝弟之根。則其發無所。而無以充乎孝親弟長之實。○或問其爲人也孝弟而好犯上者鮮矣。晦翁謂鮮是少。若説鮮矣。則未以爲絶無。孝弟之人猶有犯上之意邪。潛室陳氏曰。孝弟之人。資質粹美。雖未嘗學問。自是無世俗一等麄暴氣象。縱是有之。終是罕見。到得麄惡大過。可保其决無。言孝弟之人。占得好處多。不好處少。○雲峯胡氏曰。有子以孝弟爲行仁之本。而程子以仁爲孝弟之本。譬之木焉。有子就枝葉發端處説。程子就根本上説。程子之言。所以補有子之所不及也。○新安陳氏曰。言仁爲論語一書之大綱領。南軒張子嘗類聚論語中言仁處爲一編。名曰洙泗言仁録。此其首章云。

○子曰。巧言令色。鮮矣仁。

巧好令善也好其言善其色致飾於外務以悅人則人欲肆而本心之德亡矣新安陳氏曰此章仁字以心之德言乃專言之仁也聖人辭不迫切專言鮮則絶無可知學者所當深戒也朱子曰巧言亦不專爲譽人過實凡辭色間務爲華藻以悅人視聽者皆是○只爭一箇爲己爲人若動容貌正顏色是合當如此亦何害但做這樣務以悅人則不可○只是心在時便是仁若巧言令色一向逐外則心便不在安得謂之仁○巧言令色求以說人則失其本心之德矣不待利己害人然後爲不仁也○人有此心以其有是德也此心不在便不是仁巧言令色此雖未是大段姦惡底人然心已務外只求人悅便到惡處亦不難○容貌辭氣之間正學者持養用力之地然有意於巧令以說人之觀聽則心馳於外而鮮仁矣若是就此持養發禁躁妄動必温恭只要體當自家直內方外之實事乃是爲己之切求仁之要復何病乎又曰小人許以爲直色厲内荏則雖與巧言令色者不同然考其矯情飾僞之心實巧言令色之尤者故聖人惡之○問脩省言辭

誠所以立也。修飾言辭。偽所以增也。發原處甚不同。夫子所謂巧令鮮仁。推原而察巧令之病所從來。止是有所爲而然。如未同而言以言飾人。脅肩諂笑以喜隨人之類。皆有所爲也。曰。有所爲之說甚善。○程子曰。知巧言令色之非仁。則知仁矣。問夫子言鮮仁。程子直言非仁。何也。朱子曰。夫子之言。辭不迫切。而意已獨至者也。程子懼讀者之不察。而於巧令之中求少許之仁。是以直斷以不仁。以解害辭之惑也。○聖門之學。以求仁爲要。語其所以爲之者。必以孝弟爲先。論其所以賊之者。必以巧言令色爲甚。記語者所以引二者於首章之次。而其序如此。欲學者知仁之急。而識其所當務。與其所可戒也。○勉齋黃氏曰。苟知心馳於外務以悅人者之非仁。則反而求之心存於內而無私當理者。即仁也。○雲峯胡氏曰。上章好犯上作亂是剛惡。此是柔惡。聖賢深惡焉。○東陽許氏曰。此章大意。似聖人觀人。然未嘗不警省學者。觀其辭甚嚴。蓋警省學者之意爲多。○知巧言令色之非仁。只就此句翻轉看。則知直言正色之爲仁。然此只就言色上論。蓋仁是心之德。延平先生所謂當理而無私心者也。凡欲動於中則心私矣。其接於事不當於理者皆非仁也夫致飾於外不當理也務以悅人皆私心也推此類而言之則非禮之視聽言動心私違理皆非仁本註人欲肆而本心之德亡雖就言色上言而所包者甚廣又恐學者止於言色上致察故著程子之說於圈外使人隨事致察而立心以公也

○曾子曰吾日三省吾身爲人謀而不忠乎與朋友交而不信乎傳不習乎 省悉井反爲去聲傳平聲

曾子孔子弟子名參字子輿南武城人盡己之謂忠以實之謂信新安陳氏曰程伯子云發己自盡爲忠循物無違謂信大學章句已采之集註乃采程叔子之說勿齋程氏謂叔子之言爲切○朱子曰忠是就心上說信是就事上說○盡己之心而無隱所謂忠也以出乎內者言也以事之實而無違所謂信也以驗乎外者言也然未有忠而不信未有信而不出於忠者表裏之謂也○發於心而自盡則爲忠驗於理而無違則爲信忠是信之本信是忠之發○忠信只是一事而相爲內外始

終本末。有於己爲忠。見於物爲信。○問曾子忠信却於外面理會。曰。此是脩辭立其誠之意。曰。莫是內面工夫已到。曰。內外只是一理。事雖見於外。而實在內。告子義外便錯了。○陳氏曰。從內面發出無一毫不盡是忠。發出外者皆以實是信傳謂受之於師。習謂熟之於己。曾子以此三者曰省其身。問曾子三省無非忠信學習之事。然人之一身大倫之目。自爲人謀交朋友之外得無猶有在所省乎。朱子曰。曾子也不是截然不省別底。只是見得此三事上實有纖毫未到處。其他固不可不自省。特此三事較急耳有則改之。無則加勉。朱子曰。曾子三省看來是當下便省得纔有不是處便改。不是事過後方始去改。省了却休也。只是合下省得便與他改。○新安陳氏曰。易蹇卦大象曰。山上有水蹇。君子以反身脩德。程傳曰。君子遇艱蹇必自省於身。有失而致之乎。有所未善則改之。無慊於心則加勉。集註二句之所本。蓋在此。有則改之。易知也。無則加勉。非深知曾子之心不及此。使自省而無失。只如此而已。則三失將又生矣。豈曰省勉勉不已之誠心乎。無則加勉四字。可補本文意之所未盡其自治誠切如此。可謂得爲學之本矣。而三者之序。則又以忠信爲傳習之本也。

朱子曰。謀不忠則欺於人。言不信則欺於友。傳不習則欺於師○三省固非聖人之事。然是曾子晚年進德工夫。蓋微有這些子查滓去未盡耳。在學者則當隨事省察。非但此三者而已○爲人謀時。須竭盡自己之心。這箇便是忠。問如此則忠是箇待人底道理。曰。且如自家事親有不盡處。亦是不忠○爲他人謀一件事。須盡自家伎倆與他思量。便盡己之心。不得鹵莽滅裂。姑爲他謀。如烏喙是殺人之藥。須向他道是殺人。不得只說有毒。如火須向他道會焚灼人。不得說道只是熱○爲人謀而不忠。是主一事說。朋友交而不信。是汎說。人自爲謀必盡其心。到得爲他人謀。便不子細。致悞他事。便是不忠。若爲人謀事一似爲己爲。盡心○問爲人謀。交朋友。是應事接物之時。若未爲人謀。未交朋友之時。所謂忠信便如何做工夫。曰。程子謂舜雞鳴而起。孜孜爲善。若未接物時如何爲善。只是主於敬。此亦只是存養此心在這裏照管勿差失。便是戒謹乎其所不睹。恐懼乎其所不聞。不動而敬。不言而信處○勉齋黃氏曰。爲人謀則必欲實盡其心。交朋友則必欲實踐其言。講學於師則必欲實用其力。蓋曾子天資醇厚。志學懇篤。其於大學既推明誠意之旨而傳之子思。又斷以誠身之義。至其自省又皆一本乎誠。蓋不極乎誠。則凡所作爲。無非苟簡滅裂。是豈足以盡人事之當然而合天理之本然也哉○尹氏曰。曾子守約。故動必求諸身。朱子曰。守約不是守那約。言所守者約爾謝氏曰。諸子之學皆出於聖人。其後愈遠而愈失其眞。新安陳氏曰。如子夏傳田子方。其流爲莊周之類獨曾子之學專用心於內。故傳之無弊。觀於子思孟子可見矣。惜乎其嘉言善行去聲不盡傳於世也。其幸存而未泯彌盡反盡也者。學者其可不盡心乎廣平游氏曰。此特曾子之省身者而已。若夫學者之所省。又不止此。事親有不足於孝。事長有不足於敬歟。行或愧於心。而言或浮於行歟。慾有所未窒。而忿有所未懲歟。推是類而日省之。則曾子之誠身。庶乎可以跂及矣。古之人所謂夜以計過無憾而後即安者。亦曾子之意。○問三省忠信是聞一貫之後。抑未聞一貫之前。朱子曰。不見得。然未一貫前也要得忠信。既一貫後也要忠信。此是徹頭徹尾底。○問曾子三省之事。何故只就接物上做工夫。南軒張氏曰。若是他人合省之事更多在。曾子自省察。則只有此三者當省也。不是下爲已篤實工夫。不能如此。○雲峯胡氏曰。曾子早悟一貫之旨。晚加三省之功。愈可見其至誠不已之學。蓋其所省者。無非推已及人。反已之學。即其所謂忠恕者也。或以爲一唯在三省後。非矣。○新安陳氏曰。吾道一貫章及孟子時雨化之章。朱子訓釋非不明白。謂曾子於聖人泛應曲當處。已隨事精察而力行之。但未知其躰之一耳。夫子知其真積力久。將有所得。是以呼而告之。曾子果能默契其旨。即應之速而無疑。孟子謂君子之所以教者五。其一即有如時雨化之。如農人種植之功。其力已盡。惟待時雨之至。即淳然奮發而收成。朱子以孔子之於顏曾當之。參二章以觀三省章。此正是隨察力行之處。其悟一貫之旨而一唯。正是人力已盡而時雨化之之時。如何反以悟一貫爲早年事。加三省爲晚年事乎

○子曰：道千乘之國，敬事而信，節用而愛人，使民以時。道乘並去聲

道，治也。或問道之爲治何也。朱子曰：道者治之理也，以爲政之心言也。曷爲不言治？曰：治者政教法令之爲治之事也，夫子此言者心也，非事也。千乘，諸侯之國，其地可出兵車千乘者也。朱子曰：車乘之說，疑馬氏爲可據。馬說八百家出車一乘，包氏說八十家出車一乘。一乘甲士三人，步卒七十二人，牛馬兵甲芻糧具焉，恐非八十家所能給也。○此等處只要識得古制大意，細微處亦不必大段費力考究。敬者，主一無適之謂。朱子曰：自秦以來無人識敬字，至程子方說得親切。曰主一之謂敬，無適之謂一，故此合而言之。身在是則其心在是而無一息之離，其事在是則其心在是而無一念之雜。○覺軒蔡氏曰：敬該動靜，主一亦該動靜，此章敬字乃是主動而言。敬事而信者，敬其事而信於民也。問：敬事而信，疑此敬是小心畏謹之謂，非主一無適之謂。朱子曰：遇

事臨深履薄而爲之不敢輕。不敢慢。乃是主一無適。○
問如何信。了方能節用。曰。無信如何做事。如朝更夕改。
雖商鞅之徒亦不可爲政。要之下面三事。須以敬信爲
主。○問敬以事言而信則無不盡也。曰。信是與民有信
期會賞罰不欺其民。淺言之則魏文侯之期獵商君之
徙木。亦其類也。○胡氏曰。發於己敬。則施於民者信

時。謂農隙乞逆反之時。言治國之要在此五者。亦務本之

意也。朱子曰。古聖王所以必如此者。蓋有是五者而後上之意接於下。下之情方始得親於上。上下相關方可以爲治。若無此五者則君抗然於上。而民蓋不知所向。有此五者方始得上下交接。○勉齋黃氏曰。敬事而信。敬與信對也。節用而愛人。儉與慈對也。此皆治國之要道。故兩句言四事。而各以兩字貫之。使民以時。又慈中之一事。故獨系於後。但言所存未及治具。故曰務本。○慶源輔氏曰。左傳農隙。杜氏註謂各隨時事之間是也。○前四章是爲學之本。此五者是治國之本。

○程子曰。此言至淺。新安陳氏曰。謂平實而非甚高難行者。然當時諸侯果能此。亦足以治其國矣。聖

人言雖至近，上下皆通。此三言者，若推其極，堯舜之治去聲亦不過此。新安陳氏曰。近足治諸侯之國。極可致堯舜之治。言近而指遠也若常人之言近，則淺近而已矣。楊氏名時。字中立。號龜山。延平人。程門高第曰。上不敬，則下慢。不信，則下疑。下慢而疑，事不立矣。敬事而信，以身先之也。易曰：節以制度，不傷財，不害民。節卦彖傳文蓋侈用則傷財，傷財必至於害民，故愛民必先於節用。然使之不以其時，則力本者不獲自盡。新安陳氏曰。力本謂農事雖有愛人之心，而人不被其澤矣。然此特論其所存而已。未及爲政也。苟無是心，則雖有政不行焉。新安陳氏曰。所存謂爲政者之心。未及爲政之條目。如禮樂刑政紀綱文章乃爲政之條目也。楊氏此說本於伊川。伊川曰。敬事以下論其所存未及治具故不及禮樂刑政。胡氏名寅，字明仲，號致堂，建安人。曰：凡此數者，又皆以敬爲主。朱子曰：敬事而信，是節用愛人使民以時之本；敬又是信之本。要之本根都在敬上。若能敬，則下面許多事方照管得到。自古聖賢自堯舜以來便說這箇敬字。孔子脩己以敬，是最緊要處。愚謂五者反復芳服反，亦作覆。相因，各有次第，讀者宜細推之。問反復相因。朱子曰：始須是敬，能敬方能信，能敬信方能節用，能節用方能愛人，能愛人方能使民時，是下因乎上。然有敬於己而不信於人者，故敬了又須信。亦有信於人而自奢侈者，故信了又須節用。亦有偷嗇而不能愛人者，故節用了又須愛人。又有能愛人而妨農時者，故愛人又須使民時。使不以時，却是徒愛也，是上因乎下。須看能如此方能如此，又看能如此又不可不如此之意。反覆推之，方見曲折。○潛室陳氏曰：晦菴說五者反覆相因，如何是反覆相因處？蓋從敬事而信一起說作下去，是如此而後能如此。如人能敬，則做事專一，自能信；既能信，則必欲所行孚於民，自然能節用；既能節用，自然不傷財而至於愛人；既能愛人，自然能使民以時。這是如此而後能如此是自上而下相因如此如自下面說作上來則是如此而又不可不如此如以敬去做事便不敢苟簡胡亂去做須要十分好方止既得好便不至於苟簡變更這便是能信然做此一事時久或昏或爲權勢所移或爲利害所動前日出一令既如此今日又變了如彼這便不是信便有妨於敬所以著別下工夫於信去補這敬然只知信或出一政堅如金石行一令信如四時更不可移易此固是好然而自家奢侈之心或有時而生不能節用要如此廣用則是所令又反其所好却有害於信故又須著去節用方得然只徒底節用不知有箇中底道理則或至於豚肩不掩豆澣衣濯冠以朝心下已有所吝嗇則凡民有飢荒不能去發倉振廩恤貧濟乏至於築城鑿池思患預防亦不可已底事亦吝嗇了不捐財以爲之是知節用而不知所以愛人則節用又成落空了此節用所以不可不愛人然既愛民又須使民以時如春來當耕夏來當耘秋來當斂便當隨時使去做至冬來閑隙之時方用他得不然則所謂力本者不獲自盡雖有愛民之心而民不被其澤矣此自下相因而上如此

○子曰。弟子入則孝。出則弟。謹而信。汎愛衆。而親仁。行有餘力。則以學文。弟子之弟，上聲。則弟之弟，去聲。

謹者。行去聲。下德行同之有常也。信者。言之有實也。朱子曰。謹信。言行相顧之謂。汎。廣也。衆。謂衆人。問汎愛衆。朱子曰。人自是當愛人。無憎嫌人底道理。又問人之賢不肖。自家心中自須有箇辨別。但交接之際不可不汎愛爾。曰。他下面便說而親仁了。仁者自當親。其他自當汎愛。○汎愛不是人人去愛他。只如羣居不將一等相擾害底事去聒噪他。及不自占便宜之類皆是也。親。近也。仁。謂仁者。朱子曰。汎愛而不說親仁。又流於兼愛矣。○問而親仁。曰。此亦是學文之本領。蓋不親仁。則本末是非何從而知之。餘力。猶言暇日。以。用也。文。謂詩書六藝之文。朱子曰。只是行此數事外有餘剩工夫。便可將此工夫去學文。非謂行到從容地位而後可學文也。○程子曰。爲弟子之職。力有餘則學文。不脩其職而先文。非爲去聲己之學也。尹氏曰。德行。本也。文藝。末也。
窮其本末。知所先後。可以入德矣。洪氏名興祖。字慶善。丹陽人曰。
未有餘力而學文。則文滅其質。有餘力而不學文。則質
勝而野。愚謂力行而不學文。則無以考聖賢之成法。識
事理之當然。而所行或出於私意。非但失之於野而已
朱子曰。無弟子之職以爲本。學得文濟甚事。此言雖近。
眞箇行得亦自大段好。文是詩書六藝之文。古人小學
便有此等。今皆無之。所以難。又曰。人須是知得古人之
法方做不錯。若不學文。任意自做。安得不錯。只是不可
先學文耳。○問行有餘力。而後學文。夫豈以講切爲緩
哉。曰。書固不可以不讀。但比之行實差緩耳。不然則又
何必言行有餘力而後學耶。○南軒張氏曰。入孝。出弟。
謹行。信言。汎愛。親仁。皆在己切要之務。行有餘力。則以
學文。非謂俟行此數事有餘力。而後學文也。言當以是
數者爲本。以其餘力學文也。若先以學文爲心。則非篤

實爲己者矣。文謂文藝之事。聖人之言貫徹上下。此章推言爲弟爲子之職。始學者之事。然充而極之。爲聖爲賢蓋不外是也。此數言先之以孝弟。蓋孝弟人道之所先。必以是爲本推而達之也。○雙峯饒氏曰。尹氏以文對德行。有本末先後之分。說得文字輕。洪氏以文對質言。不可偏勝。說得文字差重。朱子以學文爲致知與力行爲對。謂所知不明。則所行不當理。發明文字甚重。三者互相發明。蓋但知文之爲輕。而不知其爲重則將有廢學之弊。故不得不交致抑揚之意。○趙氏曰。德固不可一日而不脩。學亦不可一日而不講也。○雲峯胡氏曰。行有餘力者。謂六事之中每行一事有暇。則便學文。非謂每日盡行此六事畢。然後學文也。若必欲盡行此六事。行之不給。則恐終無學文之時矣。又按熊氏謂此章是小學。自孝弟忠信入。故先行而後文。子以四教是大學。自格物致知入。故先文而後行。蓋以弟子二字專爲小學之事。然則十五入大學者。獨非爲人弟爲人子者乎。大抵聖人教人。力行必以學文爲先。故爲弟子之職者。力有餘則便當以學文爲重。集註力行而不學文以下。正自該子以四教章之意在其中。○新安倪氏曰。文行二者。以本末之重輕言。則行爲重。故此章先行而後文。

先本而後末也。以知行之先後言，則文爲先。故四教章先文而後行。先知而後行也。以二章參觀之，則文行之不可不並進可見矣。

○子夏曰：賢賢易色，事父母能竭其力，事君能致其身，與朋友交言而有信，雖曰未學，吾必謂之學矣。

子夏，孔子弟子，姓卜，名商，衛人。賢人之賢而易其好去聲，下同色之心，好善有誠也。問：伊川云見賢而變易顔色，集註何故取范氏好色之說。朱子曰：孔子兩言未見好德如好色，中庸亦以遠色爲勸賢之事，已分曉了。變易顔色有僞爲之者，不若易好色之心方見其誠也。故范說爲長。致猶委也。委致其身，謂不有其身也。朱子曰：不有其身，是不爲已之私計也。四者皆人倫之大者，而行之必盡其誠，學求如是而已。雙峯饒氏曰：賢賢亦朋友之倫也。尊賢取友，雖均屬朋友之倫，而賢賢爲重。集註以四者言之。人倫莫重於君親。此以賢賢居先者。以好善有誠。方能行下三事也。中庸九經。以尊賢先親親亦此意。○新安陳氏曰。易色是誠於好賢。竭力是誠於事親。致身是誠於事君。言信是誠於交友

故子夏言有能如是之人。苟非生質之美。必其務學之至。雖或以爲未嘗爲學。我必謂之已學也。朱子曰。人固有資稟自好。不待學而自能盡此數者。然使其爲學。則亦不過學此數者耳。故曰人雖以爲未學。而吾必以爲已學也。○南軒張氏曰。雖使未學。所行固學者之事也○游氏名酢。字定夫。建安人曰。三代之學。皆所以明人倫也。能是四者。則於人倫厚矣。學之爲道。何以加此。子夏以文學名。而其言如此。則古人之所謂學者可知矣。新安陳氏曰。可見子夏之文學非事文藝之末。而重躬行之本也故學而一篇。大抵皆在於務本。吳氏名棫。字才老。建安人曰。子夏之言。其意善矣。

然詞氣之間抑揚太過其流之弊將或至於廢學必若上章夫子之言然後爲無弊也朱子曰子夏此言被他說殺了與子路何必讀書之說同其流弊皆至於廢學若行有餘力則以學文就正有道可謂好學之類方爲聖人之言○天下之理有大小本末皆天理之不可無者故學者之務有緩急先後而不可以偏廢但不可使末勝本緩先急耳觀聖人所謂行有餘力則以學文者其語意正如此若子夏之論則矯枉過其正耳○問夫子言則以學文子夏言吾必謂之學矣兩章曰聖人之言由本及末先後有序其言平正無險絶之意子夏則其言傾側而不平正險絶而不和易狹隘而不廣大故未免有弊然子夏之意欲人務本不可謂之不是以夫子之言比之則見其偏之若此也○胡氏曰以不學爲生質之美者人固有得氣質之清粹而所爲與理暗合然質之美有限而學之益無窮故吴氏又慮其抑揚之有偏也○勉齋黄氏曰子夏此語與曾子三省是皆心存乎誠求造其極者也然子夏務實行而抑文學曾子務實行而兼傳習則曾子之用功愈密而用心愈弘是則子夏之所不能及矣

○子曰君子不重則不威學則不固

重厚重威威嚴固堅固也輕乎外者必不能堅乎內故不厚重則無威嚴而所學亦不堅固也問既曰君子何故有不重不威朱子曰此是說君子之道大槩如此○輕最害事飛揚浮躁所學安能堅固○慶源輔氏曰人不重厚則見於外者必無威嚴存於中者必不堅固此表裏自然之符

主忠信

人不忠信則事皆無實爲惡則易去聲爲善則難故學者必以是爲主焉廣平游氏曰忠信所以進德也如甘之受和白之受采故善學者必以忠信爲主不言則已言而必忠信也故其言爲德言不行則已行而必以忠信也故其行爲德行止而思動而爲無往而不在是焉則安往而非進德哉○朱子曰忠爲實心信爲實事○人若不忠信如木之無本水之無源更有

甚底。一身都空了。今當反看自身能盡己心乎。能不違
於物乎。若未盡己之心。而或違於物。則是不忠信。凡百
處事接物。皆是不誠實。且謾爲之。如此四者。皆是脩身
之要。就其中主忠信又是最要。若不主忠信。便正衣冠。
尊瞻視。只是色莊。爲學亦是且謾爲學。交朋友未必盡
情。改過亦未必眞能改過。故爲人須是主忠信。○主忠
信是誠實無僞朴實頭。主字最重。凡事靠他做主。○問
主忠信後於不重不威何也。曰。聖賢言爲學之序須先
自外面分明有形象處把捉扶竪起來。○陳氏曰。主與
賓對。賓是外人。出入不常。主常在屋裏。主忠信是以忠
信常爲吾心之主。心所主者忠信。則其中許多
道理都實。無忠信則道理都虛了。主字極有力。○程子
曰。人道唯在忠信。不誠則無物。且出入無時。莫知其鄉
者人心也。若無忠信。豈復扶又反有物乎。問伊川謂忠信
者以人言之。要
之則實理何也。朱子曰。以人言之則爲忠信。不以人言
之則只是箇實理。如誠者天之道則只是箇實理。如惟
天下之至誠。便是以人言之。○西山眞氏曰。論語只言
忠信。子思孟子始言誠。程子於此乃合忠信與誠言之。

蓋誠指全躰言。忠信指人用力處言。盡得忠信即是誠。孔子教人。但就行處說。行到盡處自然識得本原。子思孟子。則併本原發以示人也。○新安陳氏曰。不誠無物不者。人不之也。人不誠實。則無此事物。集註所謂人不忠信。則事皆無實。即不誠無物之意

無友不如己者

無。毋通。禁止辭也。友所以輔仁。不如己則無益而有損

問必擇勝己者為友。則勝己者必以我為不如己而不吾友矣。朱子曰。但不可求不如己者。及其來也。又焉得而却之。我求勝己者為友。不如己者又來求我。即非我求童蒙。童蒙求我也。○朋友纔不如己。便無敬畏而生狎侮。豈能有益。○無友不如己者。與勝己者處也。○人交朋友。須求有益。若不如我者。豈能有益。○大凡師則求其賢於己者。友則求其勝者。至於不肖者。則當絕之。聖人此言。非謂必求其勝己者。今人取友見其勝己者。則多遠之。而不及己者則好親之。此言乃所以救學者之病

過則勿憚改

勿。亦禁止之辭。憚。畏難也。自治不勇則惡日長上聲故有過則當速改。不可畏難而苟安也。程子曰。學問之道無他也。知其不善則速改以從善而已廣平游氏曰。過而能改善莫大焉。蓋能改一言之過則一言善矣。能改一行之過則一行善矣。若過而每不憚改者。其爲善可勝計哉○朱子曰。最要在速字上著力。凡有過若今日不便改。過愈深則善愈微。若從今便改。則善可自此而積。今人多是憚難過了日子○雲峯胡氏曰。此過也。而集註以爲惡日長者無心失理爲過。有心悖理爲惡。自治勇則過可反而爲善。自治不勇則過必流而爲惡◯程子曰。君子自脩之道當如是也。新安陳氏曰。提首句君子字總說全章四節游氏曰。君子之道以威重爲質慶源輔氏曰。威由重生先言威便文耳而學以成之。學之道必以忠信爲主。

而以勝己者輔之。然或吝於改過，則終無以入德，而賢者未必樂音洛告以善道，故以過勿憚改終焉。龜山楊氏曰：「正其衣冠，尊其瞻視，儼然人望而畏之，則重而有威矣。不重則易爲物遷，故學則不固。主忠信，求諸己也；尚友，取諸人也。取諸人以爲善，而友非其人，則論胥而敗矣。故無友不如己者，合志同方，營道同術，所謂如己者也。聞善則相告，見不善則相戒，故能相勸而善也。過憚改，亦不足以成德矣。」○勉齋黄氏曰：「外重厚而内忠信，則其本立；友勝己而速改過，則其德進。」○慶源輔氏曰：「苟未至於聖人，孰能無過？儻或畏難而苟安，則過益以大，志益以惛，不惟勝己之友將舍我而去，而忠信之德亦無以自進矣，故以過勿憚改終焉。要之，自始學至於成德，唯改過爲最急。」○新安陳氏曰：「君子之爲學，當以重厚爲質，尤當以忠信爲主，而輔之以勝己之友，終之以改過之勇焉。四者之中，主忠信爲尤重，能主忠信，則念念事事無非誠實，必能實於重厚威嚴，以堅其學；實於取友改過，以進其學矣。」

○曾子曰：慎終追遠，民德歸厚矣。

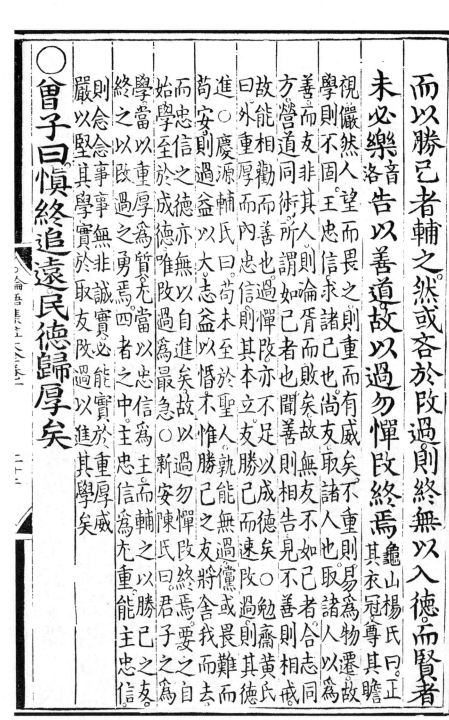

慎終者喪盡其禮。追遠者祭盡其誠。民德歸厚，謂下民化之，其德亦歸於厚。蓋終者人之所易去聲，下同忽也，而能謹之；遠者人之所易忘也，而能追之：厚之道也。故以此自爲，則己之德厚；下民化之，則其德亦歸於厚也。龜山楊氏曰：孟子云養生不足以當大事，惟送死可以當大事，則大事人子所宜慎也。故三日而殯，凡附於身者必誠必信，勿之有悔焉耳矣；三月而葬，凡附於棺者必誠必信，勿之有悔焉耳矣。一物不具，皆悔也，雖有悔焉，無及矣。此不可不慎也。春秋祭祀，以時思之，所以追遠也。齊之日，思其居處，思其笑語，思其志意，思其所樂，思其所嗜。齊三日，乃見其所爲齊者，則孝子所以盡其心者至矣。以是而帥之，民德其有不歸厚乎？○朱子曰：謹終追遠，自是天理所當然，人心所不能自已者。自是上之人所當爲，不爲化民而爲之。能如此，則己德厚而民德亦化之而厚矣。○蘇說曰：忽略於喪祭，則背死忘生者衆，而俗薄矣。○雲峯胡氏曰：古註云慎終者喪盡其哀，追

遠者。祭盡其敬。集註依伊川說以禮與誠易之。蓋喪有
不哀者。而未必皆盡禮。祭有不敬者。而未必皆盡誠。薄
俗往往然也。惟民生厚。民德本厚也。歸厚。不過復其本然
者爾。豈有增益之哉。○東陽許氏曰。常人之情。於親之終。
悲痛之情切。而戒謹之心或不及。親遠而祭。恭敬之心勝。
而思慕之情或疎。君子存心。則加於此。送終既盡擗踊哭
泣之情。又慎喪死之禮。如禮記殯而附於身者必誠必信。
葬而附於棺者必誠必信。勿之有悔之類。祭遠者既盡孝
敬之意。又致追慕之情。如禮記所謂祭死者如不欲生。霜
露既降有悽愴之心。雨露既濡有怵惕之心之類。如此則
過於常人。其德爲厚。上之人既如此。下民化之。其德
亦歸于厚。○慎終存哀中之敬。追遠動敬中之哀

○子禽問於子貢曰。夫子至於是邦也。必聞其政。求之與。
抑與之與。之與之與。與平聲。下同

子禽姓陳。名亢。音剛 陳人。子貢姓端木。名賜。衛人。皆孔子弟子。
或曰。亢。子貢弟子。未知孰是。抑。反語辭。

子貢曰夫子温良恭儉讓以得之夫子之求之也其諸異乎人之求之與

温和厚也。西山真氏曰。和兼厚字方盡温之義。和如春風和氣之和。厚如坤厚載物之厚。和不慘暴也。厚不刻薄也。良易去聲下同直也。朱子曰。記言易直子諒之心。易平易坦易。直如白直無險詖。子諒慈良也。恭莊敬也。西山真氏曰。莊主容。敬主心。自中發外。故曰恭也。儉節制也。朱子曰。儉非止儉約。只是不放肆常收斂之意。○西山真氏曰。節者自然之界限。制者用力而裁制。讓謙遜也。西山真氏曰。謙謂不矜己之善。遜謂推善以歸人。五者夫子之盛德光輝接於人者也。新安陳氏曰。夫子之盛德。無所不備。固不止此。此乃盛德之光輝發見於接人之際者。○林氏少穎曰。形容聖人之盛德。必推其著見者言之。堯曰欽明文思。舜曰濬哲文明温恭允塞。湯曰齊聖廣淵。文王曰徽柔懿恭。夫子曰温良恭儉讓。皆以其德之著者言之也。其諸語辭也。人。他人也。言夫子未嘗求之。但其德容如是。故時君敬信。自以其政就而問之耳。非若他人必求之而後得也。朱子曰。子貢謂夫子之求之。此承子禽之言。借其求字而反言之以明夫子未嘗求。如孟子言伊尹以堯舜之道要湯也。聖人過化存神之妙。未易窺測。然即此而觀。則其德盛禮恭而不願乎外。亦可見矣。學者所當潛心而勉學也。新安陳氏曰。君子所過者化。所存者神。出孟子。謂聖人身所經歷處。則人皆化。心所存主處。皆神妙無不通也。德言盛。禮言恭。出易繫辭。不願乎其外。出中庸。○朱子曰。此五者皆謹厚謙退。不自聖賢底意。故人皆親信樂告之。最要看此五字是如何氣象。體之於我。則見得聖人有不求人而人自來問底意。今人却無非是求。學者且去理會不求底道理方好。○謝氏曰。學者觀於聖人威儀之間。亦可以進德矣。若子貢亦可謂善觀聖人矣。亦可謂善言德行矣。今去聖人千五百年，以此五者想見其形容，尚能使人興起，而況於親炙之者乎。朱子曰：此子貢舉夫子可親之一節耳，若論全體，須如子溫而厲，威而不猛，恭而安。○雲峯胡氏曰：溫而厲，威而不猛，恭而安，此夫子中和氣象也。子貢言溫而不言厲，言恭而不言安，言良儉讓則見不猛而不見所謂威，皆未足以盡盛德之形容，不過以其得聞國政姑以其光輝接物者言爾，必如子貢異時綏來動和等語，乃足以見夫子過化存神之妙焉。按饒氏謂此即聖人中和氣象。又謂集註過化存神未易窺測之語，與謝說三亦字皆微寓抑揚之意。夫苟是中和氣象，則謝不當下亦字，以謝氏為微寓抑揚之意，則其不足以盡中和之氣象明矣。饒氏前後二說自相反，不可不辨也。

張敬夫名栻，號南軒，廣漢人曰：夫子至是邦必聞其政，而未有能委國而授之以政者，蓋見聖人之儀刑而樂告之者，秉彝好德之良心也。而私欲害之，是以終不能用耳。慶源輔氏

曰。好德之心固有而易發。私欲之害蔽深而難除。此所以夫子至是邦必聞其政。而未有能委國而授之以政者也

〇子曰。父在觀其志。父沒觀其行。三年無改於父之道。可謂孝矣。行去聲

父在子不得自專。而志則可知。父沒然後其行可見。故觀此足以知其人之善惡。新安陳氏曰。此爲父子志趣事爲之不同者言之。志者行之未形者。行者志之已形者也然又必能三年無改於父之道。乃見其孝。不然。則所行雖善亦不得爲孝矣。慶源輔氏曰。就事而言雖是。就心而言則不得爲孝矣〇尹氏曰。如其道。雖終身無改可也。如其非道。何待三年。然則三年無改者。孝子之心有所不忍故

也。游氏曰。三年無改。亦謂在所當改而可以未改者耳雲峯胡氏曰。不忍改。以心言。所當改。以事言。可未改。以時言○延平李氏曰。道者是猶可以通行者也。三年之中。日月易過。若稍稍有不愜意處即率意改之。則孝子之心何在。有孝子之心者。自有所不忍耳。非斯須不忘極體孝道者。能如是耶○朱子曰。父在觀其志。此一句已自有處變意思。必有爲而言。觀其文意。便是父在時其子志行已自有與父不同者。父在時。子非無行而其所主在志。父沒時。子非無志而其所主在行。道猶事也。言道者。尊父之辭。三年無改。是半上落下之事。雖在所當改。但遽改之。則有死其親之心。有揚親之過之意。須三年後徐改之。便不覺。若大故不好底事。則不在此限矣。其不可改者。則終身不改。固不待言。其不可以待三年者。則又非常之變。亦不可以預言。善讀者推類而求之。或終身不改。或三年而改。或甚不得已則不待三年而改。顧其所遇之如何。但不忍之心。則不可無耳。存得不忍之心。則雖或不得已而改。亦不害其爲孝。尹氏說得孝子之心。未說得事。游氏則於事理上說得聖人語意出○此章只是折轉說。上二句觀人之大槩。下句就觀其行。細看其用心之厚薄如何。行雖善矣。父道可以未改而輕率改之。亦未善也。纔說三年無改。便是這事有未是處。若父道已是。何用說無改。終身行之可也。○大意不忍改之心是根本。而其事之權衡。則游氏之說盡之。○父在時。使父賢而子不肖。雖欲爲不肖之事。猶以父在而不敢爲。然雖無甚不肖之行。而其志可知矣。使子賢而父不肖。雖欲爲善事。而父有所不從。時、有勉強而從父之爲者。此雖未見其善行。而要其志之所存則亦不害其爲賢矣。至於父沒。則己自得爲。於是其行之善惡可於此而見矣。○問志者志趣其心之所趣者是也。行者行實。行其志而有成也。父在子不得專於行事。而其志之趣向可知。故觀其志。父沒則子可以行其志矣。其行實暴白。故觀其行。然三年之間。疾痛哀慕心方皇皇然望望然。若父母之存。而庶幾於親之復見豈忍以爲可以得行己志。而遽改以從己志哉。存得此心。則於事有不得不改者。吾迫於公議不得已而改之亦無害其爲孝矣。若夫其心自幸以爲於是可以行己之志。而於前事不如己意者。則遂遽改以從己之志。則不孝亦大矣。豈復論其改之當與不當哉。蓋孝子之處心。親雖有存沒之間。而其心一如父在不敢自專。況謂之父道。則亦在所當改而可以未改者。三年之間如白駒過隙。此心尚不能存。而一不如志。率然而改。則孝子之心安在哉。故夫子直指孝子之心。推見至隱而言。不必主事言也。若乃外迫公議內懷欲改。而方且隱忍遷就以俟三年而後改焉。則但不失經文而已。大非聖人之意耳。曰。此說得之。○或問孟莊子之孝也。其他可能也。其不改父之臣。與父之政。是難能也。與此同否。曰。不同。此章是言父之所行有不善。而子不忍改。乃見其孝。若莊子之父獻子自是箇賢者。其所施之政。所用之臣皆是。莊子能不改之。此其所以爲難。○南軒張氏曰。若悖理亂常之事。孝子其敢須臾以寧。不曰孝子成父之美。不成父之惡乎。曰。父之道則固非悖理亂常之事也。○西山眞氏曰。爲人子者。當隨所遇而裁之。自人君而言。則武繼文志。則終身無改。宣承厲之烈。則不待三年而改。若可繼雖不若文。而當改又不如厲。則所謂三年無改者也。三年之間。惟盡哀慕之誠。姑泯改爲之迹。不亦善乎。○東陽許氏曰。此章主於觀人。但上兩句觀志行之大分。三年無改又是觀行中之一節

○有子曰。禮之用。和爲貴。先王之道斯爲美。小大由之

禮者，天理之節文，人事之儀則也。朱子曰：節者，等級也。文者，不直截而回互之貌。是裝裹得好，如升降揖遜。天下有當然之理，但此理無形影，故作此禮文，畫出一箇天理與人看，使有規矩可以憑據，故謂之天理之節文。○勉齋黃氏曰：如天子之服十二章，上公九章，各有等數，此是節。若山龍華蟲之類爲飾，此是文。如冠如婚，此是人事。若冠禮裏有三加揖讓升降處，此是儀。若天子冠禮則當如何，諸侯則當如何，各有則樣，此是則。○陳氏曰：天理只是人事中之理而具於心者也。天理在中而著於事，人事在外而根於中。天理其體而人事其用也。節文儀則四字相對說，節則無太過，文則無不及，儀在外有可觀，則在內有可守。儀謂容儀，有粲然可象底意，與文字相應；則謂準則，有確然不易底意，與節字相應。必有天理之節文而後有人事之儀則。○胡氏曰：天理其體，故先節而後文；人事其用，故先儀而後則。和者，從七容反容不迫之意。蓋禮之爲體雖嚴，然皆出於自然之理，故其爲用，必從容而不迫，乃爲可貴。新安陳氏曰：因用而遡其體，惟體出於自然之理。故其用以從容不迫爲貴。從容不迫。蓋從自然中來先王之道。此其所以爲美。新安陳氏曰。此字貼斯字。指禮之和而言而小事大事無不由之也。朱子曰。禮之用和爲貴。見君父自然用嚴敬。此是人情願。非由抑勒矯拂。是人心固有之同然者。不待安排。便是和。纔出勉强便不是和。○和是自家合有底。發見出來無非自然。○禮主於敬。而其用以和爲貴。然敬而和。著意做不得。纔著意嚴敬。即拘迫而不安。要放寬些。又流蕩而無節。須是眞箇識得理之自然處。則事事物物上都有自然之節文。雖欲不如此。不可得也。故雖嚴而未嘗不和。雖和而未嘗不嚴也。又曰。和便有樂底意思。故和是樂之本。○禮如此之嚴。分毫不可犯。何處有箇和。須知道吾心安處便是和。如入公門鞠躬。須是如此方安。不如此便不安。不安便是不和。以此見得禮中本來有箇和。不是外面物事。至嚴之中便是至和處。不可分作兩截看。○但不做作而順於自然便是和。和是嚴敬中順禮而安泰者也。○覺軒蔡氏曰。有子專以禮之用言。朱子兼以禮之體言。禮之用固貴於和。論禮之體則禮中本有自然之和。非禮之外又加從容也

有所不行。知和而和。不以禮節之。亦不可行也

承上文而言如此。而復扶又反下同 有所不行者。以其徒知和之爲貴而一於和。不復以禮節之。則亦非復禮之本然矣。新安陳氏曰。節。卽天理節文中本然之節。所以流蕩忘反而亦不可行也。朱子曰。禮之用和。是禮中之和。知和而和。是放教和。纔放教和。便是離却禮了。○程子曰。禮勝則離。故禮之用和爲貴。先王之道以斯爲美。而小大由之。樂勝則流。故有所不行者。知和而和。不以禮節之。亦不可行。新安陳氏曰。禮勝則離。樂勝則流。二句出樂記。此章本只論禮。未嘗論樂。程子特借樂字以言和字耳。○朱子曰。好就勝字上看。只爭這些子。禮纔勝些子便是離了。樂纔勝些子便是流了。知其勝而歸之中。便是禮樂之正。○和固不可便指爲樂。是禮中之樂。如天子八佾。諸侯六。大夫四。士二。此樂之有節處。

又是樂中之禮也。便見禮樂不相離。○天下之事嚴而不和者却少。和而不節之以禮者常多。又曰。如人入神廟自然敬肅。不是强爲之。禮之用自然有和意。禮之和處。便是禮之樂。樂有節處。便是樂之禮。○問從容不迫如何謂之和。曰。只是說行得自然如此。無那牽强底意思便是從容不迫。那禮中自有箇從容不迫。不是有禮後更添箇從容不迫。若離了禮說從容不迫。便是自恣。又曰。只是立心要從容不迫不得。纔立心要從容不迫少間便都放倒了。且如聖人恭而安。聖人只知道一合著恭自然不待勉强而安。纔說要安排箇安。便添了一箇○問禮之體雖截然而嚴。然自然有箇撙節恭敬底道理。故其用從容和緩。所以爲貴。苟徒知和而專一用和必至於流蕩而失禮之本。今人行事莫是用先全禮之體而後雍容和緩以行之否。曰。是。○知和而和却是一向去求和。便是離了禮。且如端坐不如箕踞。徐行後長者不如疾行先長者。到這裏更有甚禮。可知是不可行也。○問伊川曰。別而和。別字如何。曰。分雖嚴而情却通○問上蔡謂禮樂之道異用而同體。如何。曰。禮主敬敬則和。這便是他同體處。又曰。禮主於敬。樂主於和。此異用也。皆本之於一心。是同體也。○和是碎底敬。敬是合聚底和。蓋發出來無不中節便是和處○敬與和猶小德川流。大德敦化○問先生常云敬是合聚底和。和是碎底。敬。是以敬對和而言否。曰然。敬只是一箇敬。無二箇敬。二便不敬矣。和便事事都要和。這裏也恰好那裏也恰好。這處也中節。那處也中節。若一處不和便不是和矣。敬是喜怒哀樂未發之中。和是發而皆中節之和。纔敬便自然和。如敬在這裏坐。便自有箇氤氳磅礴氣象。凡恰好處皆是和○問禮樂之用相反相成。曰且如而今對面端嚴而坐這便是禮。合於禮便是和。如君臣之間君尊臣卑其分甚嚴若以勢觀之自是不和然其實却是甘心爲之皆合於理而自和矣○西山眞氏曰。太嚴而不通乎人情故離而難合。太和而無所限節則流蕩忘反。所以有禮須用有樂。有樂須用有禮。此禮樂是就情性上說○雙峯饒氏曰。有子論仁論禮皆只說得下面一截。上面一截須待程子朱子爲發明之

范氏名祖禹字淳夫。成都人曰。凡禮之體主於敬。而其用則以和爲貴。敬者。禮之所以立也。和者樂之所由生也。若有子可謂達禮樂之本矣朱子曰。自心而言則

心爲體。敬和爲用。以敬對和而言。則敬爲體。和爲用。大抵體用無盡時。只管恁地推將去。○和固不可便指爲樂。然乃樂之所由生。和有樂底意思。愚謂嚴而泰。和而節。此理之自然禮之全體也。毫釐有差。則失其中正而各倚於一偏。其不可行均矣。新安陳氏曰。嚴謂禮之體嚴。泰謂自然之理及從容不迫。此指上一節和謂知和之和。節謂以禮節之之節。此指下一節。程范借樂字以形容和字。朱子要歸之論。只言禮而不及樂的矣。嚴而泰和而節六字。斷盡一章大意。○雲峯胡氏曰。集註前一節分體用。後一節獨說全體。何也。前章是因有子言用而推原其體。後總說禮之全體。則包前所謂體用者在其中矣。如天高地下合同而化。便是嚴而泰。如四時陰陽冲和有節氣有中氣。此便是和而節。此固自然之理。而禮之全體如此也。然禮之全體嚴者未嘗不泰。人則有嚴而失其中者矣。未免倚於嚴之一偏。不可行矣。禮之全體。和者未嘗不節。人則有和而失其正者矣。未免倚於和之一偏。亦不可行矣。一偏字與全體字相反。夫其體之全也。本如此。而人之偏也乃如此。人之於理。有毫釐

之差則失之故也

○有子曰信近於義言可復也恭近於禮遠恥辱也因不失其親亦可宗也近遠皆去聲

信約信也慶源輔氏曰此信字本是約信若只是誠信之信則信是實理豈有不近義者哉○勉齋黃氏曰以實之謂信事之已見而以其實者也約信與人期約而求其實者也○汪氏炎昶曰曲禮云約信曰誓約信二字本此義者事之宜也復踐言也恭致敬也禮節文也胡氏曰信爲約信恭爲致敬皆指人之行此而言非信恭之本體也○雲峯胡氏曰義者心之制事之宜此獨曰事之宜禮者天理之節文此獨曰節文蓋所謂信恭者非信恭之本體故所謂禮義者亦非指本體而言集註未嘗輕下一字也因猶依也宗猶主也言約信而合其宜則言必可踐矣朱子曰此言謹始之意始初與人約便須思量他日行得方可諾之若不度於義輕

諾之他日言不可復便害信也○如今人與人要約當於未言之前先度其事之合義與不合義合義則言不合

合義則不言言之則其言必可踐而行之矣今不先度其事且鶻突恁地說了到明日却說這事不義不做則

是言之不可踐也言而不踐則是不信踐其所言又是不義是不先度之故

致恭而中去聲其

節則能遠恥辱矣朱子曰恭只是低頭唱喏時便看近禮不近禮○如見尊長而拜禮也我

却不拜被詰問則無以答這便是為人所恥辱有一般人不當拜而拜之便是諂諛這則可恥可辱者在我矣

○近猶合也古人下字寬亦大綱說雖未盡合禮義亦已近禮義了○恭凡致敬皆恭也禮則辨其異若與上

大夫接而用下大夫之恭是不及也與下大夫接而用上大夫之恭是過也過與不及必取辱矣○雙峯饒氏

曰有子氣象從容辭不迫切於禮義皆以近言集註恐其寬緩故直以合義中節言之朶不用其辭而用其意也

所依者不失其可親之人則亦可以宗而主之矣朱子曰因

之為依勢敵而交淺如先主之依劉表是也宗之為主彼尊我賤而以之為歸如孔子之於司城貞子蘧伯玉

顔讎由是也。依失其親，若未甚害；所宗而失其親，其害大矣。然今日依之，則後日有時而宗之，是以君子之有所因也，必求不失其親焉，則異日亦可宗主之矣。○因如因徐辟之因，因猶傍也。親又較厚，宗則宗主之，又較重。當時覊旅之臣所至必有主，須其初審其可親者從而主之可也。

於此言人之言行去聲交際皆當謹之於始說上三句而慮其所終說下三句，不然則因仍苟且之間，將有不勝平聲其自失之悔者矣。

問：恐言是約信，行是致恭，交際是依人。朱子曰：大綱如此，皆交際也。言可復便是行。○此章須用兩截看，上一截信近義、恭近禮、因不失親，是交際之初合下便思慮到底；下一截言可復、遠恥辱、亦可宗，是从後無弊之效。當初便當思量到無弊處。○問注因仍苟且。曰：因仍與苟且一樣字，因仍猶因循，苟且是且恁地做一般。○雲峯胡氏曰：此章皆謹始之意，與其悔於終，孰若謹之於始。○東陽許氏曰：約言必合於事之宜，防其過也；致恭必中於禮之節，無過不及也；因不失親，擇交之道也。上兩節欲明理，下一節要知人，則皆無失。上兩節言行是脩己之事，因親是知人之事。三者皆明理者能之。三事各開看。非相因之辭。

○子曰。君子食無求飽。居無求安。敏於事而慎於言。就有道而正焉。可謂好學也已。好去聲

不求安飽者。志有在而不暇及也。朱子曰。食無求飽。居無求安。須是見得自家心裏常有一箇合當緊底道理。此類自不暇及。○新安陳氏曰。志在學。自不暇及於求安飽。敏於事者。勉其所不足。謹於言者。不敢盡其所有餘也。朱子曰。言易得多。故不敢盡。行底易得不足。故須敏。又曰。行常苦於不足。言常苦於有餘。○雙峯饒氏曰。敏於事之事。非特指行事而言。凡學問思辨窮理之事皆事也。○新安陳氏曰。中庸曰。有所不足。不敢不勉。有餘不敢盡。集註取以訓此。然猶不敢自是而必就有道之人以正其是非。則可謂好學矣。朱子曰。不求安飽。是其存心處。敏事謹言。是其用工處。須就正方得。有許多工夫。不能就

有道以正其是非也不得。無許多工夫。雖然就正有道。亦徒然○此章須反覆看其意思如何若只不求安飽而不謹言敏行。有甚意思。若只謹言敏行。而不就正有道。則未免有差。若工夫不到。則雖親有道。亦無可取正有者。聖人之言周遍無欠缺類如此

凡言道者。皆謂事物當然之理。人之所共由者也朱子曰。道即理也。以人所共由則謂之道。以其各有條理而言。則謂之理。○雲峯胡氏曰。學而篇言道者三。前兩道字泛。此一道字切。父之道。是父之所由。先王之道。是先王之所由。故集註獨於此釋之曰。人之所共由。道猶路然。人所由者謂之非路不可。不若人之所共由者則大路也○新安陳氏曰。此有道字。指有道之人。此人之身與道爲一。能由人所共由之道者也○尹氏曰。君子之學能是四者。可謂篤志力行者矣。然不取正於有道。未免有差。如楊墨學仁義而差者也。其流至於無父無君。謂之好學可乎。朱子曰。楊氏以世人營營於名利。埋沒其身而不自知。故獨潔其身以自高。然不知

義者制事之宜處人倫事物各當其所乃合於義今但知有己而已使人皆如此潔身自爲則天下事教誰理會此便是無君墨氏見世人自私自利不能及人故欲兼天下而盡愛之然不知仁者心無不溥遍而施則有差等○皆溥遍者仁也其理一施有差等者仁中之義也其分殊今親親與仁民同是待親猶他人也此便是無父此學者所以必求正於有道也○勉齋黃氏曰尹氏所謂篤志爲不求安飽而言也所謂力行爲敏事慎言而言也以是四字而繼之以集註不敢自是之言然後足以盡此章之旨蓋此章謂之好學非篤志力行不自是亦無以見其所以爲好也○雲峯胡氏曰必無求然後見其有好之之志必敏慎然後見其有好之之實必取正有道然後不差夫好之之路此足以見好學者之甚難得也

○子貢曰貧而無諂富而無驕何如子曰可也未若貧而樂富而好禮者也樂音洛好去聲

諂卑屈也驕矜肆也慶源輔氏曰爲貧所困則氣隨以歉而爲卑屈故多求而諂爲富所

張。則氣隨以盈。而矜肆。故有悖而驕。爲常人溺於貧富之中而不知所以自守故必有二者之病。無諂無驕則知自守矣而未能超乎貧富之外也。凡曰可者僅可而有所未盡之辭也。樂則心廣體胖而忘其貧。好禮則安處上聲善樂音洛上同循理亦不自知其富矣。漢董仲舒策孔子云。天地之性人爲貴。明於天性。知自貴於物。知自貴於物。然後知仁義。知仁義然後重禮節。重禮節然後安處善。安處善然後樂循理。樂循理然後謂君子○慶源輔氏曰。心廣體胖者。指其樂之之象。安處善樂循理者。論其好禮之實○新安陳氏曰。忘其貧不自知其富則超乎貧富之外矣○東陽許氏曰。樂與好禮皆是心上言。故上面說心廣。下面說樂循理。心既廣大寬平則體自然舒泰。此由內以達外。行事安於處善。蓋其心樂於循理也。此由外以原內也。樂一字全是心。故先言內。禮有節文於事上見。其好之則在心也。故先言外。然體既安舒。焉得有畏屈。心既樂循理。焉得有矜肆。却暗關上兩句。見得未若兩字意子貢貨殖。音寔蓋先貧後富而嘗用力於自守者家語。子貢家富累千金。好販與時轉貨。注云。買賤賣貴以殖其貨故以此爲問而夫子答之如此。蓋許其所已能新安陳氏曰。可也。是許其已能自守而無諂無驕而勉其所未至也新安陳氏曰。勉其更進於樂與好禮○龜山楊氏曰。貧而無諂。則貧不至於濫。富而無驕。則富不至於溢。與夫貧而諂。富而驕。蓋有間矣。然孔子可之而未善也。故又以貧而樂。富而好禮告之。○朱子曰。富無驕。貧無諂。隨分量皆可著力。如不向此上立得定。是入門便差了。○貧則易諂。富則易驕。無諂無驕。是知得驕諂不好而不爲之耳。樂是他自樂了。不自知其爲貧也。好禮是他所好者禮而已。亦不自知其爲富也。○自無諂無驕者言之。須更樂與好禮方爲精極。不可道樂與好禮。須要從無諂無驕上做去。蓋有人資質合下便在樂與好禮地位。不可更回來做無諂無驕底工夫。孔子意做兩人說。謂一般人無諂無驕。不若那一般人樂與好禮較勝他。子貢意做一人說。謂無諂無驕。不若更樂與好禮。又曰。今人未能無諂無驕。却便要到貧而樂。富而好禮。如何得。子貢却盡得無諂無驕底了。聖人更進得他貧而樂富而好禮地位○無問子貢問貧無諂。富無驕。伊川諸說。大抵謂其貨殖。非若後人之豐財。但此心未忘耳。今集註謂其先貧後富。則是亦嘗如後世生產作業矣。曰。聖人既說貨殖。須是有此。如此。看來子貢初年亦是把貧富煞當事了○厚齋馮氏曰。無諂無驕。則知自守矣。然猶有所用力焉。乃少不逮。則諂驕復形。樂且好禮。則貧富兩忘矣。蓋知樂天循理。而無復事於人事也

子貢曰。詩云如切如磋。如琢如磨。其斯之謂與。磋七多反與平聲

詩。衛風淇奧於六反之篇。言治骨角者。既切之而復扶又反下同磋之。治玉石者。既琢之而復磨之。治之已精。而益求其精也。子貢自以無諂無驕爲至矣。聞夫子之言。又知義理之無窮。雖有得焉。而未可遽自足也。故引是詩以

明之朱子曰。所謂義理無窮。不是說樂與好禮。自是說切磋琢磨精而益精耳○子貢問無諂無驕夫子以爲僅可。然未若樂與好禮。此其淺深高下亦自分明。子貢便說切磋琢磨。方是知義理之無窮也○無諂無驕隨事知戒。足以自守也。然未見其於全體用功而有自得處也。樂與好禮。乃見其心之所存。有非貧富之所能累者。此子貢所以有切磋琢磨之譬也。治骨角者。既切之而復磋之。治玉石者。既琢之而復磨之。皆先畧而後詳。先粗而後精之意○子貢舉詩之意。不是專以此爲貧而樂富而好禮底工夫。蓋見得一切事皆合如此。不可安於小成而不自勉也○或問大學傳引此詩以道學自脩釋之。與此不同。何也。曰。古人引詩斷章取義。姑以發已之志。或疎或密。或同或異。蓋不能齊也○勉齋黄氏曰。若謂無諂無驕爲如切如琢。樂與好禮爲如磋如磨。則告往知來一句便說不得。子貢言無諂無驕。夫子言未若樂與好禮。子貢便知義理無窮。人須就學問上做工夫。不可少有得而遽止。詩所謂如切磋琢磨。治之已精而益致其精者。其此之謂與○西山眞氏曰。凡製物爲器。須切琢成形質了。方可磋磨。既切琢了。若不磋磨。如何得他精細潤澤子曰。賜也始可與言詩已矣。告諸往而知來者。

往者。其所已言者。來者。其所未言者。朱子曰。所已言。謂處貧富之道。所未言。謂學問之功。○勉齋黃氏曰。此章須是見得切磋琢磨在無諂無驕樂與好禮之外。方曉得所已言所未言。前之問答。蓋言德之淺深。此之引詩。乃言學之踈密。○愚按此章問答其淺深高下。固不待辯說而明矣。然不切則磋無所施。不琢則磨無所措。故學者雖不可安於小成。而不求造七到反道之極致。亦不可騖音務於虛遠。而不察切己之實病也。雲峯胡氏曰。常人二者之病。與學者切己之實病。當看兩病字。若只就貧富上說。貧者病諂。富者病驕。必除諂驕之病。然後可到樂與好禮地步。若就義理學問上說。則學者之病固多。必先除切己之實病。然後可求造道之極致也。○新安陳氏曰。切必貴磋。琢必貴磨。此正意也。必切方可加磋。必琢方可加磨。此餘意也。

○子曰。不患人之不己知。患不知人也。

尹氏曰。君子求在我者。故不患人之不己知。不知人。則是非邪正或不能辨。故以爲患也。朱子曰。若宰相不能知人。則用捨之際不能進賢退不肖。若學者不能知人。則處朋友之際不能辨益友損友。又曰。論語上如此言者有三。不病人之不己知。病其不能也。不患莫己知。求爲可知也。聖人之言雖若同。而其意皆別。病其不能者。言病我有所不能於道。求爲可知者。當自求可知之實。然後人自知之。雖然如此。亦不是爲昭灼之行以蘄人之必知。○見得道理明。自然知人。自家不識得道理破。如何知得他人賢否。○問知人是隆師親友。曰。小事皆然。然學做工夫到知人地位已甚高。○慶源輔氏曰。人不知己。其病在人。己不知人。其病在己。君子之學爲己。不暇病人之病而病己之病也。○蔡氏曰。學而末章與首章人不知而不慍意實相關。里仁憲問衛靈篇又三致意焉。學必專求在己。庶無所慕於外也。○雲峯胡氏曰。始以不知不慍。終以此章。學而一篇終始也。始以不亦君子乎。終以無以爲君子也。始則結以患不知人。終則結以不知言無以知人。論語一書終始也。門人紀次。豈無意歟。○東陽許氏曰。此兩句平説。只是不必欲人知我。我却要知人。但兩知字不同。上知只欲知己之善。下知却欲知人之善張氏專就學者言則上句不患人不己知。便自可包後章患其不能之意在其中。便當明理脩身自加精進使有可知之實。則雖不求人知而人必知之矣。下句則凡尊師取友。與人交際往來。須知其善惡而趨避之。然後無損而有益。然此專以學者言。聖人則未嘗指定也。若推而言之。則上下皆可通。上句論其極則雖居高位其處己應事唯循天理。上不欺其君。下不病其民。內無愧於心。何必欲人盡知吾心也。否則有違道干譽之失矣。下句論其極。則仕而擇可宗之人。有位而舉賢才爲用。爲宰輔而進退百官。非知人之明其可乎。否則賢愚混淆分朋傾軋。而亂亡至矣。

論語集註大全卷之一